U0723930

武术——神形兼备的运动

盛文林/著

台海出版社

图书在版编目（CIP）数据

武术：神形兼备的运动 / 盛文林著. －－北京：台海

出版社，2014.7

（全民阅读体育知识读本）

ISBN 978 - 7 - 5168 - 0417 - 9

Ⅰ.①武… Ⅱ.①盛… Ⅲ.①武术 - 基本知识 - 中国

Ⅳ.①G852

中国版本图书馆 CIP 数据核字（2014）第 174950 号

武术：神形兼备的运动

著　　者：	盛文林		
责任编辑：	王福聪	装帧设计：	视界创意
版式设计：	林　兰	责任印制：	蔡　旭

出版发行：台海出版社

地　　址：北京市朝阳区劲松南路 1 号　邮政编码：100021

电　　话：010 - 64041652（发行，邮购）

传　　真：010 - 84045799（总编室）

网　　址：www. taimeng. org. cn/thcbs/default. htm

E - mail：thcbs@ 126. com

经　　销：全国各地新华书店

印　　刷：北京一鑫印务有限公司

本书如有破损、缺页、装订错误，请与本社联系调换

开　　本：655×960　　　1/16

字　　数：130 千字　　　　　　印　　张：12

版　　次：2014 年 10 月第 1 版　　印　　次：2021年6月第3次印刷

书　　号：ISBN 978 - 7 - 5168 - 0417 - 9

定　　价：29. 60 元

版权所有　翻印必究

前　言

　　中国武术是中华民族在长期的社会生产和生活实践中，逐渐创造和发展出来的一种极具民族特色的文化遗产，历史悠久，源远流长。他有着丰富的文化内涵和多样的表现形式，同时具有完整的实践体系，可谓博大精深。

　　随着时代的发展，古老的武术在当代得到进一步的发展，按照其基本内容，可以分为武术套路运动、武术散打运动和武术功法运动。练习武术，具有健身、自卫、表演等多种功能和作用，并且不同的武术套路或技法能够适应不同的年龄、性别和体质的人选择练习。很多种武术技法的练习不受时间、季节及场地器材的限制，可以便捷地展开训练，从而达到修身养性、强身健体的功效。特别是对于正在发育身体的青少年来讲，武术更是一项锻炼身体、矫正身姿、培养良好精神状态的好运动。

　　本书参考了大量专业资料，从武术的起源和历史发展讲起，对武术套路运动和武术散打运动的基本知识和技术等做了一个全面的介绍，为适应青少年的阅读习惯，力图做到简洁明了，内容以基础知识为主，希望能对青少年了解武术有一个引导的帮助。

目　录

PART 1 项目起源

原始起源

武术的产生和发展同任何其他社会文化的产生和发展一样,离不开人类的生产实践活动。在人类诞生的早期,以狩猎和采集为生,人们为了生存的需要,就必须同自然界进行搏斗。在防御凶禽猛兽的袭击和狩猎的生产活动中,他们常常需要追逐跳跃、攀爬躲闪、拳打脚踢,有时也要使用石器、棍棒来迎击野兽。艰苦的生活条件要求人们必须不断提高体能,改善武器与方法,这就是武术技击的萌芽。

这时的"武术"其内容主要有二:一是徒手搏斗;一是使用器械。在徒手搏斗中,人们不断发展了奔跑、跳跃、闪躲、滚翻、拳打、脚踢等技能。在器械的运用中则产生了击、刺、砸等技巧,同时也促进了武器的发明和改进。远在六十万年前的"北京人"遗址中,就发现了大量的石锤、石刀等石器和少量锐利的骨器,除了这些比较复杂的武器,木棍、木矛等器械更容易制作,也是当时少不了的武器,只是由于容易腐朽,在遗址中已经找不到这些武器的遗迹。既然有搏斗就必然产生了搏斗的经验,经过长期的积累,终于形成了一定的动作和攻防技巧,在后来的搏斗中逐渐产生了运用这些技巧的观念。于是,这时候,武术技击意识就萌生了。这就是武术最为原始的起源。

社会起源

除了人与自然、野兽的斗争,在原始人群的生存竞争中,人与人的格斗也与武术的产生有着直接的联系。新石器时代末期，由于私有制的产生，及地理气候等自然原因，形成许多的部落，不同的氏族部落之间经常发生战争，使用武力就成为掠夺财富、争夺领地的主要手段。古籍记载的黄帝与炎帝的战争、炎帝与蚩尤的战争等都属于原始部族战争。原始战争促进了武器的制作和技击技术的发展。为了适应原始社会战斗的需要，把战场上的搏斗经验加以总结置于军事训练之中。在漫长的历史进程中，原始武术与军事斗争紧密相连，在漫长的历史中共同发展。

另一方面，原始社会的人们在与自然和疾病的长期斗争中，从生产劳动和军事活动的社会实践中也逐步意识到体质的健康在社会生活中的重要作用。他们为了强筋骨、增体力、除疾病，使体质增强以利于生产和军事战斗，于是有了体育的要求。有记载表明最迟在原始社会氏族公社时代，人们就已经创作出一种唤做"舞"的运动形式来锻炼身体，以增强体质。在原始社会出现的猿猴舞、雀鸟舞、熊舞等以模仿动物动作为内容的各种"舞"，《尚书》里把它唤做"百兽舞"。通过"熊经鸟伸"的体育活动达到健身却病的目的。后来的"五禽戏"、"象形拳"，即是这种运动的延续和发展。历史上还有一种角抵戏运动，以军事战斗技能为内容而以搏斗为竞技形式，人们头带着牛角，互相抵触，以这种运动来训练战士，并达到增强体质的目的。

由此可见，武术在原始社会的诸多社会活动中，随着军事活动和强身除病的需要，成为一项不断发展的运动，这些因素，成为武术产生的社会起源，并伴随着社会的发展而不断发展，最终形成越来越成熟的现代运动。

PART 2 历史发展

中国武术

商周时期

武术作为文化现象，是同中华民族文明的产生是同步的。随着军事斗争的加剧，不仅促使武术兵器由简单到复杂，向多元化发展，而且促进了攻防格斗技术的提高和发展。

商代时，出现了"武舞"，武王伐纣前夕，用武舞来训练士兵，鼓舞士气。原始社会的舞是战斗技术的即兴表演，本身包含攻防格斗技术。武王伐纣就是用武舞来训练士兵、鼓舞士气的，但其中的动作倾向于实战。也就是说，武舞中练武的成分增多了；艺术成分较多的武舞，逐渐向娱乐性舞蹈转化。到了周代时，练武已经成为教育的一项重要内容，并有了专门的训练时间和内容。奴隶主重视对本阶级子弟和奴隶军队进行军事技能的训练和体质锻炼。周代设立的"庠"、"序"等学校中，把射、御、舞等列为教育内容，还规定了专门训练时间，"三时务农，一时练武"。练武内容有射箭、器械攻防等技术。商代产生田猎也被视为武术训练的重要手段，并且这一时期开始有了武术比赛雏形。

商周时随着青铜器的发展和作战的需要，兵器制造取得显著进步，各种新式武器被发明出来，使用方法也相应得以提高。商代已有了铜矛、铜戈、铜斧等武器，周代又产生了铜戟、铜盾、铜刀、铜剑。这些兵器是总结当时车战、步兵战的攻防效果，不断改进和创新而来的。同时，有了一种兵器，就必然出现该种兵器的使用方法和防守方法。这些方法虽然是些简单的劈刺勾抹，却为后来的武术发展打下了基础。

在文化上，当时的五行说、八卦说，为以后武术的发展提供了某种理论基础，后来的形意拳、八卦掌就附会了前两者的学说。

从以上的发展过程可以看出，商周时期，武术已开始成为人们有意识、有目的、有组织的活动。

春秋战国时期

春秋战国时期，武术发展到了一个新阶段。这一时期诸侯争霸，攻伐激烈。为争雄称霸，各国都很重视"拳勇"、"技击"对军队战斗力的影响，重视技击术在战场上的应用。齐桓公曾于春秋两季举行全国性的军事格斗竞赛"角试"，来选拔天下的武术高手。管仲亦曾在齐国招募有力气、武术技术高的人来训练军队。齐国重视军队中对力量、技击的训练，使其军事力量迅速强大，称霸诸侯。这一时期军队的习武练兵有了新的发展，无论在形式、内容还是规模上都远远超过了商周。当时的习练内容主要是以技击为主的攻防格斗技术，已失去攻防意义的武舞受到如韩非等人的抨击逐渐趋于向舞的转化。

随着冶炼技术的进步，铁制兵器代替了铜制兵器，使用武器的技术方法也有了进一步发展，步骑兵战逐渐代替了笨重的车战。与这些变化相适应的是兵器形制的变化：长兵器明显变短，重量减轻，可以发挥一些劈、拦、扫等技击动作；短兵器由短变长，可以更好地发挥利刃的长处。

这一时期武术的体育性质逐渐被人们所认识，武术在民间开始广泛流传，练武除了较量武艺，还被用来增强体质。出现了许多如欧阳子、干将莫邪等制剑名师，也出现了越女、袁公、鲁石公等技艺高超的武术家，武术已有了"相搏"和"斗剑"的比赛雏形。相搏时，拳打脚踢，连摔带拿，只要以技巧制服对方就算得胜。它不但在摔法、打法、拿法上有了突破，而且形成了为参加比赛打基础的"套路"。这些套路，攻防突出，既可以把比较完整的招数拆散在比武时用，也可组合练习。这是武术的一个新发展。斗剑是当时盛行的另一种比赛形式。一些权贵为观赏作乐而让他们培养的职业斗剑士上场相击，每次比赛直到一方刺死另一方才分胜负。

武术在春秋战国有了进一步的发展。它已不像早先那样仅满足人们的生存需要，而是逐渐成为人们一种享受的需要。武术开始成为人类文化的一个组成部分，这也成为中国进入文明时代的标志之一。

秦汉三国时期

秦汉三国处于封建国家上升时期，统一的多民族国家的建立，经济、政治、文化的发展，使人民在较长时间内处于相对安静的环境中，使武术的功能逐渐由单纯提高军事作战技能向竞技娱乐方面的发展创造了条件。秦统一六国后禁止私藏武器，这在客观上限制了民间器械武术运动的发展，但却刺激了一种新的徒手对抗项目——"角抵"的盛行。角抵是比赛双方用"相搏"中的摔法凭体力摔倒对方来分胜负，虽然主要靠体力，还是需要相当的技术与技巧。这一时期尽管政府收缴武器，但还出现了铁椎、匕首等新式兵器。

汉朝初年，初统治者为抵御匈奴，鼓励边民习武，大大促进了民间练武活动。同时军队针对匈奴骑战特点而改进了作战方式，扩大了兵种种类。与之相适应的是武器的变化，形制和用法上有了新的突破。弓、弩、戟、盾、刀、剑成为常见的武器。

汉代出现"武艺"这一词语，出现了许多武术家及不同风格的流派。武艺是徒手或器械进攻、格斗技术与套路的总称。当时它既包括有徒手的角抵、手搏以及斗剑等多种兵器的用法，也包括有与攻防格斗技术紧密相连的舞剑、舞戟、对练等套路运动，其中"角抵"在秦时已经有了蓬勃发展，在汉武帝时又得以极力提倡，在全国范围内盛行起来。"手搏"也是一种徒手格斗的运动，是从相搏发展而来的攻防性很强的技击术，在当时也很流行。手搏和角抵，竞技性很强，有时还有裁判，已具有明显的体育竞技比赛的性质。剑术仍盛行于汉，佩剑仍成一时之风尚，同时出现了攻防格斗性很强的剑术套路出现，发展出单人及双人套路的舞练，也有了对抗性的斗剑。除了剑，当时使用的武器还有刀、长戟、手戟、戈、矛、殳、斧、大刀、狼牙棒等。

象形拳术也开始在汉代出现，已发现有模拟动物或吸取动物动作特点并结合攻防方法的拳种。这对后来象形拳、形意拳等拳种都产生了深远的影响。

魏晋南北朝时期

魏晋南北朝时期，武术在与文化的交融中逐渐与养生相结合。但与汉代相比，这一时期的武术发展较为缓慢。政府实行的府兵制，在选士的标准上仍然对武艺有较高的要求，既要学会拳术的搏斗擒拿技术，也要善射并会使用长短武器；既要考查跑步的速度，也要能攀登跳跃，长途负重行军。这对武术技巧、速度、耐力、力量诸方面皆有要求，设有专门场地供士兵练武。除士兵练武外，也把农民组织起来，平时从事农业生产，战时则替主人作战。在武术文化上，晋时已经出现练武用的口诀，南朝时出现"武术"一词。

尽管有这些发展，但魏晋南北朝后期，由于玄学的盛行，官僚贵族迷恋奢侈生活，信奉宗教，好清谈，追求长生不老之术，在一定程度上阻碍了武术的进步。

隋唐时期

隋、唐年间，少林武术已开始产生，唐代长安二年（702 年）开始实行武举制，用考试的方法选拔武勇人才，对武术的发展起到了极大的促进作用。武举制的创立激发了更多人的习武热情，在一定程度上对唐代尚武之风的盛行产生了积极的影响。民间武术蓬勃兴起，并出现了职业教授武艺的人。

在武器上"废长兴短"、"以铁代铜"，这一时期是武器发展的大转折时期。步骑兵大发展，战场上的戈戟逐渐被淘汰，剑作为军事技术被刀所代替，但作为套路演练仍发展着。高超的剑术套路技术在唐代很受欢迎，舞剑还有音乐伴奏。这对后世套路发展有着重要影响。枪术的发展也较快。这一时期在武器的使用上有如下特点：

枪法获得长足的发展，枪在隋代成为步骑兵的主要武器，军队进行了大量的操练，因此枪术的发展很快。这一特点延续到唐代，唐代军中的主要武器仍然是枪，唐代的枪用铁制作枪头，木制枪杆。由于木杆的柔韧性，练起来既柔且刚，为发展各种枪法提供了物质条件。枪术也出现舞练的形式。除此之外，为了娱乐，还有用竹制器械交战比赛的，但因无严格规则，不免有伤害事故发生。

剑术逐渐脱离军事实用性面向套路技术迅速发展，剑舞盛行。由于军事武器的演变，剑不再应用于战场，剑术在战场上也逐渐消失。尽管如此，剑术却在民间得到发展，由于佩剑持续受到文人墨客的喜爱，其健身性、艺术性也给剑术以生命力。当时剑术的发展遍及朝野，文人、武将、妇女、道家擅长剑术的人大有人在，如诗人"李白少年学剑术"。唐玄宗时，人称李白的诗、裴旻的剑术、张旭的草书为当代"三绝"。诗人杜甫在《观公孙大娘弟子舞剑器行》里对公孙氏的剑术做了十分生动的描述。目前我们看见的"剑"就是在这个时期定型的。

刀在唐代成了作战的重要武器，刀术也随之发展。《唐六典》武库条令中就有刀制而无剑制，其中有仪刀、鄣刀、横刀和陌刀四种。仪刀为木制，逐渐成为仪仗队装饰品。步兵主要使用横刀和陌刀，其中陌刀得以广泛应用。"陌刀，长刀也，步兵所持。"在唐代，陌刀为勇而多力的人所用并在战阵中发挥巨大威力，对战之时，前面的士兵持长刀组成刀墙前进，威力可观。

对弓箭愈加重视，射箭技术理论得到发展。弓弩为隋唐五代军队中主要的远距离武器，很受各朝统治者重视。《太平广记》曾记载一位高超的射箭能手君漠，他的射术水平很高。论射的著作亦很多，唐王琚有《射经》，张守忠有《射记》，任权有《弓箭论》，可惜后者失传，只有前者保留至今。

除了以上的持械武术得到巨大发展，隋唐时，角抵继续盛行，徒手武术也大有发展。

隋唐五代时期武术的体育性质更加明显。相扑、角抵、手搏有了进一步的规格，竞技性剑术、刀术、枪术比赛也大量出现。为后来武术逐步趋向成熟奠定了坚实的基础。

宋元时期

宋元时期，是武术走向成熟的重要时期。唐代以前的武术和武艺混和，到了宋代就开始明显地分枝，标志着武术的形成。具体表现在：武术作为社会的娱乐活动，已经独立地存在；社会上有了以表演武艺为生的专业艺人；武艺有实用的"教法格"图像，武术有固定的表演套路。

据《宋史》记载，宋太祖赵匡胤本身就有一身好武艺，这对民间尚武之风有很大的影响，促进了武术的发展。官方每年春秋两季，都会举行武术表演和比试，参加比试的武术种类很多。民间不少爱好武术的群众自愿结社，出现"锦标社"、"英略社"、"角抵社"等练武组织。由于有了"社"的组织，就为武术的交流、传授、发展创造了有利条件。

同时，宋代的城市开始出现许多靠献技献艺为生活的武术表演艺人，并在城市里设有专门的表演场地。最受欢迎的表演项目有角抵、使拳、使舞、掉刀、举重、打弹和弩射等。也出现了表演武术的女艺人，她们经常表演对练套路的项目，作为以勇力表演的男性武术表演的前奏。这时的武术已有了固定套路。

宋代的武术除单练的"使拳"、"使棒"外，对练的有枪对牌、剑对牌等的套路，称为"打套子"，此外还有化妆的多人对练。

宋代的兵器种类繁多，武艺向多样化发展。随着冶金技术的不断进步，剑更加锋利了。刀的形制有了进一步的改造，有手刀、棹刀、屈刀、掩月刀、戟刀、眉尖刀、凤嘴刀、笔刀，被称为"刀八色"。刀术发展很快。枪的种类亦很多，常用的有九种：双钩枪、单钩枪、环子枪、素木枪、鸣项枪、锥枪、梭枪、槌枪、大宁笔枪，枪术得以普及和发展，流派也很多，有东路枪手、河东流派等。岳飞、李全、杨妙真都是宋代使枪好手。除了这些常见的兵器，还有棍、斧、戈、鞭、简、杵、槌、长哨子、连珠双铁鞭，三（七、九、十三）节鞭等等。

元代由于统治者的禁武，武术是一个衰落发展期。为防止人民反抗，统治者对民间的武术百加摧残。民间私藏武器也要治罪。这一时期武艺多以秘密家传方式暗中传授。元代统治者只允许军队士兵开展骑、射、摔跤等项目。传统武术在士兵中有所保留。

由于戏曲发展的需要，尽管民间禁武，在舞台上却没有限制。"十八般武艺"的名称开始出现，武术的套路被舞台艺术化，训练者重视手到眼到、手眼相随的配合上，身法以及套路演练技巧都有所发展提高。

明清时期

明、清时期是中国武术大发展时期。其重要标志是武术流派林立，不同风格的拳术、器械技艺都得到了空前的丰富和发展。呈现出蓬勃发展的繁荣局面。武术作为军事技术、健身手段及表演技艺的多种价值为人们所认识和利用。

自明代始，以戚继光、程宗猷、茅元仪等为代表，对宋以来的武艺技法和教学训练总结出较为系统的基本理论。如戚继光的《纪效新书》、何良臣的《阵记》都总结出拳术是学习器械的基础，并且明确提出武术的健身强体的功效。在清代，武术与道教养生的导引术进一步结合，并逐步形成武术内功。在此基础上，太极拳、形意拳、八卦掌等注重内练的新拳种出现并迅速发展。此后，冷兵器在军事上的地位明显消退，由于武术具有健身、防身、自卫的功效，所以能适应时代的变化，逐步成为中国近代体育的有机组成部分。把原来主要是口传身教的武术技术，用文字和图记录下来，作为习武练艺的范本。到了清代，大量的武术专著问世，如吴殳的《手臂录》、程真如的《峨眉枪法》、黄百家的《内家拳法》、张孔昭的《拳经拳法备要》、王宗岳的《太极拳论》等，这些著作中包括拳械的图谱、口诀、技法、拳理以及练气诀、养气论等，使武术理论进一步丰富和发展，为习武人员提供了坚实的理论基础推动了武术训练的科学化与规范化。

明清时期十八般武艺的具体内容都有了具体记载，少林武术也在此时声名大震，各种拳术器械相继出现，武术达到了空前繁荣的盛况。明朝就已经非常重视军队的训练，皇帝经常亲自督促练兵。大将戚继光练兵得法，深得技击训练要领，用士兵的切身利害关系来启发诱导士兵自觉练武，教育士兵把练武与防身立功紧密结合起来，除规定习武的时间外，还重视通过比赛的方式来促进武艺的发展，提出了"既学艺必试敌莫以胜败为丑"，并且专门制定了奖罚措施，对军事武艺的发展作出了极大贡献，在抗倭斗争发挥巨大作用。

清军入主中原后同样重视武技训练。清军中八旗兵以骑射为本兼习长枪、刀、牌等器械。有火器装备的军队中也要练习骑射和刀牌，军事武术的发展提高了士兵的战斗力，促进了武术的普及与发展。清朝建立后一方面加强军队训练另一方面严禁民间习武。清廷以少林寺广纳明末遗臣为借口曾两度焚烧少林寺，于是一些寺僧逃离南下，将少林武术传授于他人，在此基础上形成了著名的岭南五大拳派，少林武术的北拳南渐促进了武术的普及与发展，在中国武术发展史上留下了光辉的一页。

这一时期武术体系日趋成熟，形成体系完整的武术流派。自明代开始中国武术开始形成流派。每一流派的武术中都有着自己的鲜明独特的拳械方法和内容。当时流行的拳法有三十二式长拳、六步拳、猴拳、八闪翻、内家拳等几十家之多。棍技有少林棍法、紫微山棍、张家棍、青天棍等。枪法有杨家枪法、马家枪法、李家短枪、沙家杆子、六合枪、峨眉枪法、少林枪法等。刀法有单刀、双刀、偃月刀等。剑法有茅元仪《武备志》博采海外所得二十四剑势、郑若曾《江南经略》记载的"剑法六家"，其它还有明程子颖《武备要略》中记载的叉、硬鞭套路等。明代武术套路在种类、内容的丰富和结构、布局、完善严谨上都是前代不能比拟的。到了清代，拳术和器械的种类就有 62 种之多，包括不同拳种、器械的对练。著名的少林拳、内家拳、太极拳、八卦拳、八极拳均形成于明清。因此，中国武术经历了漫长的历程，直到明代才逐渐露出近代武术运动的雏形。

自明朝至清朝，武术的发展达到了空前繁荣的盛况。尽管由于鸦片战争的影响，武术一度在清末退出了军事舞台，但由于其本身的特点，在民间得到发展。一方面广大民众借助武术保家卫国获取生存的权利，另一方面是满足上层社会休养生息、健身娱乐的需要。总之，武术在明清时期形成体系，直至清代的进一步发展，是由武术本身的功能所决定的，这是历史的必然。

民国时期

鸦片战争之后，随着火器的大量输入，冷兵器时代的结束，武术的军事实用价值功能弱化，中国传统武术为人重新认识。

民国初年，习武开禁，拳技之风蓬勃一时。一些以研究和开展武术运动为宗旨的武术社团纷纷建立。如当时上海有"中华武士会"、"致柔拳社"、"武当太极拳社"等，北京有"北京体育研究社"、"中华尚武学社"，天津有"中华武士会"等许多武术组织。其中以1909年霍元甲在上海创立精武"体操学校"最为著名，也最为庞大，"体操学校"1910年改名为"精武体育会"，在许多省设分会，并传播到香港、东南亚一带，在继承和发展武术传统上起了积极作用。

国民党统治时期，于1926年改"武术"之称为"国术"，1928年在南京建立了"中央国术馆"，内设武当门，有高振东任门长，少林门由王平任门长，后相继在24个省市建立了国术馆。县级国术馆达300余，形成了一个较为完备的国术馆系统。蒋介石还下令各省在训练军队时，将国术列为主要术科，并要求设国术训练机关。原则上规定大学、学院或师范专科，武术作为一门必修课程，中小学体育课中不设武术课。当时武术家受聘在武术馆任教，培养了大批武术专门人才。

中央国术馆曾在1928年和1933年在南京举办过两届国术国考，进行拳术、长兵、短兵、散打和摔跤的比赛，还组织过一些规模较大的武术表演活动，如1929年的"杭州国术馆游艺大会"以及各种国术训练班组织武术学术研究活动，创办了《国术旬刊》等，对当时武术发展起到一定作用。19世纪末20世纪初，随着西方体育大量传入中国，体育在学校的位置得到确立，一些学校相继在体操中增添了武术课。

1936年8月，第11届奥运会在德国柏林举行，由11人组成的中国武术队前往表演。有太极拳、拳术、器械的单练和对练，历时一个小时，博得万余观众的赞誉。武术队还应邀到法兰克福和慕尼黑进行表演，反映十分强烈。武术队的表演向世界体坛展示了中国武术，揭开了近代武术对外交流的序幕。

中央国术馆成立后，各地纷纷建立国术馆、国术社，形成了一个自上而下的国术馆系统。后来中央国术馆创办"国术体育传习所"，它的学科设置的许多课程、术科包括的许多项目，都是引自西方体育的内容，注入这些内容意味着以中国武术为主的专门学校并不排斥西方体育。

　　中央国术馆成立后，于 1928 年举行第一次"国术国考"，其对抗性比赛和考试方法揉合了西方体育竞赛与旧时武科试文试武的形式。随后第二次国术国考又制定和实践了武术拳械及对搏的竞赛规则。1933 年武术被列为民国时期第 5 届全国运动会男女竞赛项目。5 年间对武术竞赛条例和细则的初步规范，使武术逐步摆脱旧有的较技方式，向体育竞赛靠拢。这些活动在中国现代武术竞技运动诞生之前是一种探索，其积极意义在于武术体育竞技的意识已萌动，它迈出的脚步留下了足迹。

　　民国期间的武术运动虽然有所发展，但受困于连年的战火，国家的内忧外患，社会上有影响的国术馆系统和一些民间武术组织，在战火中纷纷停办或难以维持，直到新中国成立，改革开放之后，中华武术运动才迎来新的发展时期。

PART 3 目前状况

武术发展的现状

中华人民共和国成立后，武术被作为优秀民族遗产加以继承、整理和提高，成立了各级武术协会，国家设有专门机构负责开展武术运动，将武术列为正式比赛项目。1953 年，举行了第 1 届全国民族形式体育表演竞赛大会，接着又举行多次全国性武术比赛或表演大会。为了推动武术的普及和提高，从 1957 年开始，国家体委组织部分武术家组织创编了比赛规定套路，编制了群众武术活动所需要的初级套路和简化太极拳等，出版武术书籍和挂图，拍摄武术影片和录像。为探讨武术运动锻炼的价值，还组织有关生理的测定和研究，使其逐步科学化。此外，各体育学院、体育系相继设立武术课和武术专业班，大中小学也把武术列为体育课教学内容，青少年业余体校也建立武术班，各地武术协会设立各种形式的武术辅导站，吸引着大批武术爱好者习武健身。

20 世纪 80 年代改革开放之后，武术事业迅速发展。武术已进入各级学校，挖掘、整理出许多武术遗产。武术沿着科学化、规范化和社会化的方向健康发展。我国武术正在走出国门，并迅速在世界范围推广开。具体表现在以下几方面：

一、武术管理体制的形成与完善

现代体育文化形态的特征就是高度的社会化和组织化。新中国成立后，武术运动的发展同样表现为高度的组织化，使得武术大踏步地走出国门，并迅速在世界上推广开来：1952 年设立了民族形式体育研究会，1953 年在天津举行了"全国民族形式体育表演及竞赛大会"，武术是这次大会的主要内容。为了推动武术及民族形式体育的发展，国家体委成立后，下设武术竞训处，领导和管理全国的武术活动。1956 年中国武术协会在北京成立。其任务是团结全国武术工作者继承、发掘、研究整理武术遗产，推动群众性武术运动，开展科研活动，宣传武术知识，协助国家体育部门研究审定武术竞赛规则，组织全国性武术比赛，审定考核等级教练员、裁判员，开展国际武术交流活动和友好往来。1982年12月，在北京召开了首次全国武术工作会议，这是建国以来规模最大、最重要得一次全国武术工作会议。会议总结了三十几年来武术工作的经验，制定了新的历史时期发展武术工作的方针政策和任务，为武术工作指明了方向。1994年12月，在天津又一次召开了全国武术训练工作会议，进一步明确了武术的技术发展方向，着力改革和完善武术的竞赛办法，大会讨论通过了《武术裁判员管理办法》《中国武术段位制》等文件。中华人民共和国体育运动委员会武术运动管理中心于1998年4月改称为国家体育总局武术运动管理中心，直属国家体育总局，是国家体育总局实施对国内武术工作领导的最高权利机构。

二、武术竞赛体系的形成与完善

1953年11月在天津举行了以武术为主要内容的竞赛大会，1956年中国武术协会成立后，武术即定为表演项目，并在北京举办了12个单位参加的武术表演大会，开始试行打分的方法。1957年第一次把武术列为国家体育竞赛项目。之后，每年都举行全国性的武术比赛和表演。1972年以后，武术同其他一些体育项目开始恢复，全国性的武术比赛和表演在停顿了6年之后又开始举办。1972年11月在济南举行的全国武术表演大会，表演项目达1000多个，包括各种拳术和器械的单练、对练、集体基本功的表演。套路自选项目在结构、难度、腾空和跳跃上有了较大的突破。在比赛中突出了速度和节奏，技术有了新的发展。1974年8月又在西安举行了全国武术比赛大会。1975年9月在北京举行了第三届全国运动会，武术比赛按团体、全能、单项和集体表演进行。1976年10月，武术运动迎来了新的活力和生机。1977年、1978年先后在内蒙古、湖南湘潭举行了全国武术比赛，以套路为主的竞赛项目技术水平有了较大提高，武术运动得到进一步发展。1979年以前我国武术竞赛基本上是以套路为主的单一竞赛形式，随着武术的发展，加速了武术竞赛制度的完善。1985年国家体委颁布、实施了武术运动员等级标准。1990年第11届亚运会起武术成为亚运会的正式比赛项目，1998年第13届亚运会上，散手列为正式竞赛项目。

在套路竞技比赛上，逐渐形成了以甲、乙级队团体、个人锦标赛，少年"武士杯"比赛，太极拳、剑、推手赛等为主要形式的竞赛制度和以武术馆、校为对象，以及民间传统武术内容的竞赛，构成了较为完善的全国武术竞赛制度，基本上满足了不同年龄、不同层次水平、不同兴趣爱好的人们的需要。

在散打竞技比赛中，自1979年3月起，国家体委决定将散手列为试验项目。1980年初步形成散手竞赛规则后，在北京举行了首届全国武术对抗项目表演赛，经过七届表演赛试验，于1989年国家体委颁布了《武术散手竞赛规则》，并开始正式举办全国武术散手擂台赛。1990年又颁布了《武术散手运动员技术等级标准》。武术散手自1991年第七届全运会起被列为正式比赛项目。

三、武术在学校的普及与推广

1956年，全国中小学体育教学大纲中就有武术内容，自1960年开始，业余体校增设了武术班，大、中、小学也都把武术列为体育教学的必修内容。学校武术教育也呈现了一派生机，校园内掀起了武术热，以武术作为强身健体，提高身心素质的手段。1987年，全日制小学体育教学大纲中明确把武术列为基本项目，全国体育院系均把武术列为必修课程，纷纷开设武术选修课，教育部在制定本科体育课程指导纲要时把武术类列为六类主干课程之一。1992年在武汉举行的大学生运动会首次将武术列为正式比赛项目，使学校武术教育从单一的课程教学，向多形式、多渠道、多层次发展。政府在《全民健身计划纲要》中提出："要对学生进行终身体育的教育，培养学生体育锻炼的意识、技能与习惯的目标"。《中共中央、国务院关于深化教育改革全面推进素质教育的决定》中又明确指出："健康体魄是青少年为祖国为人民服务的前提，是中华民族旺盛生命力的表现。学校教育要树立健康第一的指导思想，切实加强体育工作……。"学校体育正向着健康教育和终身教育的方向发展。武术具有健体、防身、娱乐、观赏等多种功能和价值，是学校体育的重要内容。当前，教育部2000年新颁布的九年义务教育全日制初级中学体育与健康教学大纲制定的九年制义务教育《体育与健康》教科书以及高中《体育与健康》教科书都有武术内容，包括基本功、拳械套路、攻防格斗技术以及健身功法等。使学生通过武术的学习和锻炼增强体质，培养终身体育习惯，并通过武术的学习，了解祖国传统文化，振奋民族精神。

四、群众性武术活动蓬勃开展

1983 年全国有各类武术辅导站 3570 多个，1987 年各种武术馆、校有 1 万多个，全国参加武术活动并以武术作为健身主要手段的人数约 6000 万人。自 1992 至 1997 年武术运动管理中心多次进行了"全国武术之乡"，"全国先进武术馆校"的评选工作，表彰了群众武术活动开展好的单位，并组织了"全国武术之乡"，"全国先进武术馆校""革命老区""少数民族"等形式的武术比赛，并开展了"中华武林百杰"评选活动，从而大大推动了群众武术活动的普及和提高。1994 年，国家体委提出"全民健身计划"和"奥运争光计划"，武术在这两项计划中均肩负着特殊的使命。"全民健身计划"的出台使太极拳这一科学的健身方法更加普及，极大地激发了人民群众练武热潮，习练太极拳的人越来越多。除专业队外，大批民间团体、社会团体、民间自发组织习练太极拳以及群众性的民间活动、国际间的文化交流日益增多，太极拳迎来了历史上空前规模的发展。为了推动武术运动的发展，武术运动管理中心于 1998 年 1 月正式颁布由国家体委批准实施的《中国武术段位制》。同年 4 月组成全国高段位评审委员会，对各地首批申报武术高段位（七、八、九段）者进行了严格的审查，共有 112 位申报者获准授予武术高段位。首批高段位授段仪式，在人民大会堂隆重举行。

武术国际化发展

武术"源于中国，属于世界"。把武术推向世界，扩大中国武术在海外的影响，对显示中华民族特有的智慧和力量，发展国际上的文化交流，增进各国人民之间的友谊都有深远的意义，改革开放以后，中国武术以前所未有的速度迈出国门，走向世界，在世界的范围内，产生了深远的影响。概括起来表现在如下几个方面。

一、增加互访援外，增进各国友谊

早在 1974 年 6 月，中国武术代表团访美，受到总统尼克松、国务卿基辛格在白宫接见，先后在夏威夷、旧金山、纽约和华盛顿表演 16 场，观众达 10 万人次。随后中国武术的国际交往日益频繁，中国武术代表团先后到美国、日本、英国、法国、东南亚各国，以及非洲等 40

多个国家进行了访问表演，并派出教练员援外教学，到中国学习武术的团体和个人络绎不绝，武术越来越受到世界各国人民的重视和欢迎。

二、建立国际组织，举行国际赛事

随着我国对外开放形势的发展，近 20 年来，中国武术逐步走向世界，竞技武术、健身武术在世界上都取得了可喜的发展。越来越多的国家和地区兴起了武术运动，各洲的武术组织也相继成立。1985 年 8 月第一届国际武术邀请赛在中国西安举行。来自法国、日本、美国、摩洛哥等 12 个国家和地区的代表队参加了比赛。

1990 年 10 月国际武术联合会在北京正式成立，目前拥有来自五大洲 86 个国家和地区的会员协会。1991 年在北京举办了第 11 届亚洲运动会。武术被列为亚洲运动会正式比赛项目。同年第一届世界武术锦标赛在北京举行，共有 40 多个国家和地区的 500 多名运动员参加了比赛。并规定每两年举行一次世界武术锦标赛。1994 年 9 月在日本广岛举办的第 12 届亚运会，中国武术队获五枚金牌。1994 年 10 月国际武术联合会被世界单项体育联合会正式接纳入会。1998 年在曼谷举行的第 13 届亚运会除武术套路项目参加比赛外，散手也列为正式比赛项目，这是散打第一次列入综合性运动会。中国队获得了五个级别的全部冠军。2001 年由国际武术联合会审定推出了第二套国际武术竞赛套路，并决定在第七届世锦赛上全部使用。

散打运动在世界竞技场上也有了突飞猛进的发展，自 2002 年 7 月至上海举行了第一届世界杯武术散打赛开始，到 2012 年为止，已经举行六届比赛。

三、推广健身武术，健康世界人民

2000 年 4 月中国武术协会开始着手制定太极拳全球化发展战略——太极拳健康工程。太极拳健康工程，是将太极拳作为武术的一个品牌，系列、持续地推向世界。太极拳健康工程包括太极拳活动月、举行世界太极拳健康大会、推行太极拳辅导员制，加强新时期太极拳理论研究等一系列内容。2000 年 5 月中国武协启动太极拳健康月活动，决定将每年的 5 月定为太极拳月。2000 年 7 月国际武联执委会一致表示支持中国的 5 月太极拳月活动，并将 5 月定为世界太极拳月活动。这一决定一经传出，立刻受到全国各地乃至全世界太极拳爱好者的积极响应。

2001 年 3 月 22 日至 26 日，"寿比南山"首届世界太极拳健康大会在海南省三亚市如期举行。该次活动引起国内外太极拳习练者的强烈反响。4000 多名国内外太极拳爱好者参加了学习、交流和比赛。时任国务院副总理李岚清致信大会希望太极拳成为中国对外交流的一座桥梁，为人类健康，为世界和平、进步与发展发挥更积极的作用。时任国际奥委会主席萨马兰奇向大会发来贺词，预祝大会圆满成功。武术管理中心和武术协会决定每两年举行一次世界太极拳健康大会，把这项活动坚持下去，让它成为全世界太极拳爱好者共同的节日。2001 年 3 月 25 日在三亚海滨举行的迎朝阳，申奥运"万人太极拳晨练"已作为规模最大的晨练活动被载入世界吉尼斯之最。

四、中国武术的奥运梦

1998 年 11 月 2 日，国际武术联合会在北京正式向国际奥委会递交申请，加入国际奥委会，这标志着具有几千年历史的中国武术终于向现代奥林匹克运动迈出了重要的一步。武术走向世界，进军奥运会这是中国武术界几代人梦寐以求的理想。2001 年 7 月北京申办 2008 年奥运会取得成功，使竞技武术进入奥运会成为可能。经过多方努力，武术最终成为 2008 年奥运会表演项目。植根于中国传统文化的武术运动逐渐被越来越多的外国朋友所认识和喜爱。"源于中国，属于世界"，武术已成为沟通各国人民友谊的纽带和桥梁。作为一种优秀的民族文化和良好的运动项目正在走向世界，它必定在全世界大放异彩。

PART 4 场地设施

套路比赛场地设施

武术套路比赛中，个人项目的场地为长14米，宽8米，其周围至少有2米宽的安全区。集体项目的场地为长16米、宽14米，其周围至少有1米宽的安全区。场地四周内沿，应标明5厘米宽的白色边线。场地的地面空间高度不低于8米。两个比赛场地之间的距离6米以上。根据实际情况比赛场地应高出地面50—60厘米。场地灯光垂直照度和水平照度在规定范围之内。

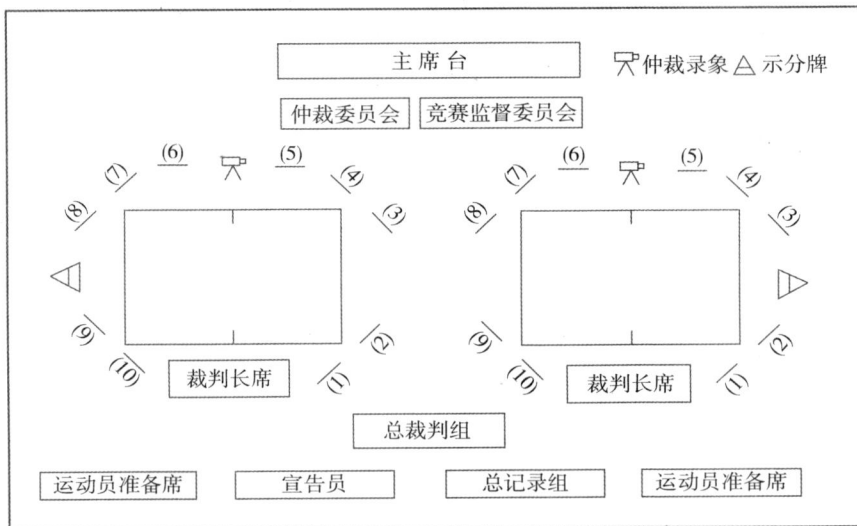

套路比赛场地示意图

器械选择必须使用国家体育总局武术运动管理中心指定的器械。大型比赛必须配备4台摄像机，3台放像设备，3台电视机，以及全套电子评分系统和音响系统。

散打比赛场地设施

散打比赛场地为高 0.8 米、长 8 米、宽 8 米的擂台，台面上铺有软垫；软垫上铺有盖单，台中心画有直径 1.2 米的中国武术协会的会徽。台面边缘有 5 厘米宽的红色边线，台面四边向 0.9 米处画有 0.1 厘米宽的黄色警戒线。台下四周铺有高 0.3 米、宽 2 米的保护软垫。

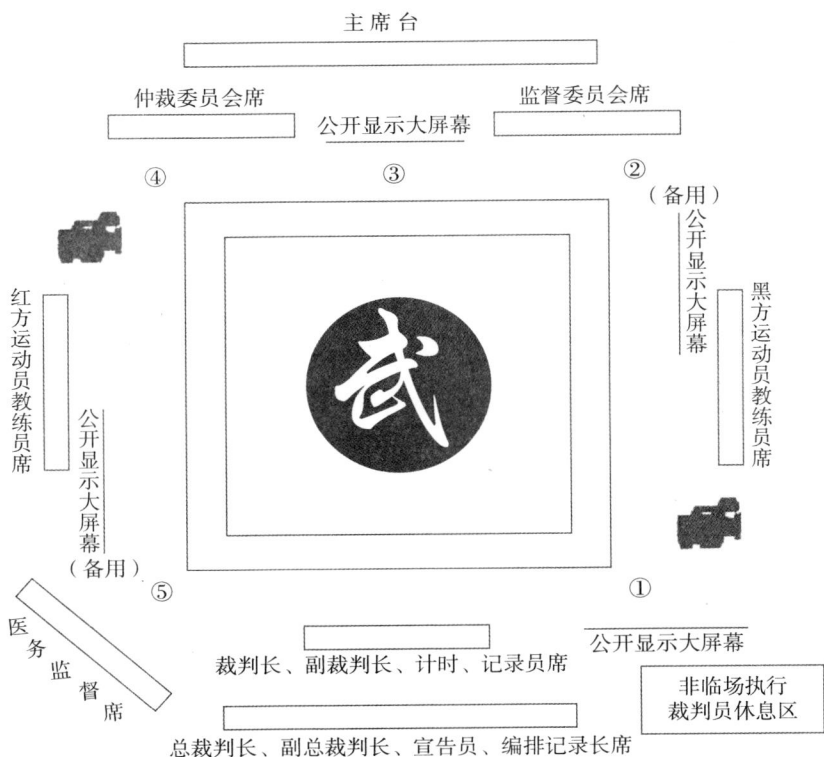

注：①②③④⑤为边裁判员席
图标 ▓ 为仲裁摄像席

散打比赛场地示意图

散打比赛的器材设施包括

1. 色别牌，是边裁判员判定运动员比赛胜负所出示的标志。圆牌直径 20 厘米，木把长 20 厘米，共计 18 块，其中红色、黑色、红黑各半色牌各 6 块。

2. 劝告牌，长 15 厘米、宽 5 厘米的黄色板 12 块，板上写"劝告"字样。

3. 警告牌，长 15 厘米、宽 5 厘米的红色板 6 块，板上写"警告"字样。

4. 强制读秒牌，长 15 厘米、宽 5 厘米的蓝色板 6 块，板上写"强读"字样。

5. 放牌架，长 60 厘米、高 15 厘米、红色和黑色各一个。

6. 弃权牌，圆牌直径 40 厘米，木把长 40 厘米，黄色两个。在圆牌正反面分别用红黑色写"弃权"字样。

7. 秒表两块，一块使用，一块备用。

8. 哨子两个（单、双音各一个）。

9. 扩音喇叭 3 个。

10. 铜锣、锣锤、锣架一副。

11. 计数器 15 至 20 块。

12. 摄像机两台。

13. 公制计量器两台。

14. 无线麦克风，裁判使用。

15. 电子评判系统一套。

PART 5 风格流派

> 中国武术源远流长、内容丰富，在长期的发展过程中派别林立，风格各异，形成了独特的中国武术文明。传统武术发展至今，在内容和形式上都有了很大改变，分类方法也不尽相同。

传统分类

一、按拳理技法分

按拳理技法分可分为"内家"和"外家"。清初，黄宗羲《王征南墓志铭》中有述："少林以拳勇名天下，然主于搏人，人亦得以乘之。有所谓内家者，以静制动，犯者应手即仆，故别于少林为外家。"明清时期，内家拳只是一个拳种，而外家拳主要是指集大成的少林拳，后期发展成为"凡主于搏人"的拳术，统称"外家拳"；讲究"以静制动"的拳术统称为"内家拳"，后人又有把太极、八卦、形意归为内家拳的说法。

二、按地理空间分

按地理空间可分为"南派"和"北派"。此种分类方式在民间广为流传。在地理空间上，南北地域的区分一般以黄河流域为界，黄河流域及其北属北方，黄河流域及其南属南方。南北拳派的差别是南北方的地理环境及人的体质、气候的不同所造成的。南北拳法区别在于：南派多用拳，其拳式结构小巧，步法稳固，运动范围较小；北派多用腿，架势舒展，运动幅度大。"南拳北腿"之说即由此而来。

三、按山川地域分

按山川地域可分为"少林派"、"武当派"和"峨眉派"等。

少林派是我国传统武术中流传最广，影响最大的拳种之一。少林派因以河南登封县少林寺传习的拳技而得名。目前流传较广的拳路有大洪拳、小洪拳、炮拳、罗汉拳、朝阳拳等，以及各种器械、对练等。另外，还有与养生功、医学、气功有关的内容，又分为拳术、棍术、枪术、刀术、剑术、技击散打、器械和器械对练等共一百多种。值得一提的是，少林派棍术套路繁多，有猿猴棍、风火棍、齐眉棍、大杆子、旗门棍、小夜叉棍、大夜叉棍、少林棍、小梅花棍、云阳棍、劈山棍、阴手棍、阳手棍、五虎擒羊棍等。对练棍术有排棍、穿梭棍、六合杆、破棍十二路等。在历代抗敌御侮中，少林棍发挥过重要作用。

武当派俗称内家拳，以黄宗羲撰《王征南墓志铭》为依据，"有所谓内家者，盖起于宋之张三丰。三丰为武当丹士"故名。但是王征南所授黄百家之"内家拳法"目前已难于考证。清末有人将内家拳、太极拳、八卦掌、形意拳称为武当派。1928年成立的中央国术馆，曾一度依这种民俗分类，将该馆教学内容分为"武当门"、"少林门"。现代有人将流传于武当山地区一带的武术称为武当派。武当派是以道家思想为理论指导的拳种流派，武当拳的特点是技击与养生并重，融养生于技击之中。据粗略统计，流传至今的武当派拳路有六十多种，器械套路也有几十种，武当拳派中还包含若干功法。

峨眉派武术发源于我国四川峨眉山，形成于明代，明吴殳所著《手臂录》中所附程真如的峨眉枪法，包括治心、治身、宜静、宜动、攻守、审势、形势、戒谨、倒手、扎法等篇章是峨眉派的重要理论著作。峨眉派拳技可分为五大流派、八大门类。五大流派包括黄陵派、点易派、青城派、铁佛派、青牛派，八大门包括僧门、岳门、赵门、杜门、洪门、化门、字门、会门。其功法介于少林阳刚与武当阴柔之间，亦柔亦刚，内外相重，长短并用，融汇了南拳、少林、武当等众家之长。

峨眉派的著名兵器是峨眉刺，又称玉女簪，是由女子发簪变来的。峨眉派的剑法和簪法，姿势优美而威力十足，被称为峨眉派的绝技。

四、按拳术表现风格分

按拳术表现风格可分为"长拳类"和"短打类"。明代戚继光《纪效新书》中明确记载，当时流行的拳法有"长拳"和"短打"，记载有"宋太祖三十二式长拳"、"张伯敬之打"、"李半天之腿"、"千跌张之跌"以及"鹰爪王之拿"等不同流派。明代程宗猷《耕余剩技·问答篇》载"长拳有太祖温家之类，短打则有绵张任家之类"。后来有人把舒展大方、大开大合、进退急速的拳术称为"长拳类";而贴身近战、势险节短、动作紧凑、灵活多变的拳术称为"短打类"。

五、按江河流域分

按江河流域可分为"长江流域派、黄河流域派和珠江流域派"。民国初年,《中国精武会章程》等书使用了"长江流域派"、"黄河流域派",以江河流域来分派。后来还有将流传于广州地域为主的武术称为"珠江流域派"。

此外,还有按具体拳种来分类,如少林拳、太极拳、形意拳、八卦掌等,1993 年出版的《中国武术拳械录》将武术分为 129 个拳种;按习武家族姓氏分类,典型的要数太极拳的按姓氏分类,如陈、杨、吴、武、孙等。还有戚继光在《纪效新书》中提到的俞公棍、杨家枪等。

现代分类

按主导功能分

现代武术按主导功能分可以分为体育武术、实用武术、演艺武术等。

一、体育武术

体育武术可以分为竞技武术、健身武术、学校武术三个类别。

竞技武术是指以提高武术竞技水平,为最大限度发挥个人运动潜能和争取优异成绩而进行的武术训练竞赛项目,其特点为专业化、职业化、高水平、突出竞技性。竞技武术始于 20 世纪 50 年代末,至 80 年代初期在国内发展迅速并广泛传播,它以套路和散打为主要竞技内容,目前已在 190 多个国家和地区进行推广,并已在国际上产生了重大影响。国际大型的赛事有世界锦标赛和洲际锦标赛等。国内以全国运动会为最高层次,以全国锦标赛为龙头。其中套路竞技的主要内容有长拳、太极拳、南拳、剑术、刀术、枪术、棍术、对练。散打是按照一定规则,两人徒手使用踢、打、快摔技术进行对搏的格斗运动。在技术发展方向上,套路是以突出竞技特点、提高技术水平和鼓励发展创新为基本思想,使技术向"高、难、美、新"的方向发展。散打技术发展是强化体能、技法全面、突出个性、快狠巧准。

　　健身武术是指以普及为基础，旨在强身健体而开展的群众性武术活动。其特点具有广泛适用性、自觉性、灵活性、娱乐性。其中，广泛开展的健身武术有简化太极拳、三路长拳、48 式太极拳、32 式太极剑等项目。另外还有流传于民间的不同风格的套路和功法等内容形式。

　　学校武术主要是指以武术运动作为手段，一方面通过适当的武术练习提高青少年的身体机能水平。另一方面，通过武术练习、竞赛、交流，培养青少年自强不息的精神、厚德载物的品质、和合相生的襟怀。

二、实用武术

　　实用武术是指以军队、公安武警人员、安保人员为对象的擒拿格斗武术项目，其特点是简单实用，一招制敌。主要内容有擒拿术、摔跤术、擒敌拳术及器械的实战实用方法，其中擒拿格斗技术是以人体要害部位作为重要攻击点，具有较强的实用性。

三、演艺武术

　　演艺武术是通过艺术手段来集中或带有夸张的手法来表现武术。例如，近年在欧美引起巨大反响的大型舞台剧"风中少林"，中央电视台的春节晚会中"行云流水"等形式，就是通过舞台灯光、舞美、服装、道具等表现武术，使人获得美的享受。另外，还有影视中主人翁的高超的武术造诣与人格魄力融成一体，还给观赏者以愉悦后的感动。

按照运动形式分类

　　按照运动形式分类，武术可以分为武术套路运动、武术格斗运动与武术功法运动。

一、武术套路运动

　　武术套路运动是指以踢、打、摔、拿、击、刺等技击动作为素材，以攻守进退，动静疾徐、刚柔虚实等矛盾运动变化规律编成的整套练习形式。武术套路按照演练形式可以分为单练、对练和集体演练三种类型，包括徒手套路和器械套路。

　　（一）单练

　　1. 拳术类

　　拳术类包括长拳、太极拳、南拳、形意拳、八卦掌、八极拳、通背拳、劈挂拳、翻子拳、少林拳、戳脚、地趟拳、象形拳等。

　　（1）长拳

　　长拳是一种姿势舒展、动作灵活、快速有力、节奏分明，并结合蹿蹦跳跃、闪展腾挪、起伏转折、跌扑翻滚等动作与技术的拳术。包括拳、掌、勾三种手型，弓、马、仆、虚、歇五种步型，一定数量的拳法、肘法和屈伸、直摆、扫转等腿法，以及平衡、跳跃、跌扑、滚翻动作。长拳强调"手眼身法步，精神气力功"要素。长拳套路主要包括初级、中级、高级套路，或可分为适应各类竞赛的规定套路和自选套路。

（2）太极拳

太极拳有陈、杨、吴、武、孙等不同流派，国家体委先后整理推广了简化太极拳、48 式太极拳及各式太极拳的竞赛套路。在架势和风格特点上各有不同，是一种动作柔和、缓慢、轻灵的拳术，以掤、捋、按、挤、采、捌、肘、靠等手法和进、退、顾、盼、定五种步法为基本方法。太极拳技法要求一般概括为十六点，即虚灵顶劲；气沉丹田；含胸拔背；松腰敛臀；圆裆松胯；沉肩坠肘；舒指坐腕；尾闾中正；内宜鼓荡，外示安逸；动如抽丝，迈步如猫行；往返须有折叠，进退须有转；动静有常，势势均匀；势势相连，绵绵不断；势要圆，无使有凹凸；心要静，无使有杂念；用意不用力。

（3）南拳

南拳是流传于南方各地诸拳种的统称。广东有洪、刘、蔡、李、莫等派，福建有永春、五祖、太祖、虎拳、鹤拳等派。其技法要求主要有八点，即稳马硬桥、脱肩团胛、直项圆胸、沉气实腹、五合三催、力从腰发、以气催力、体刚劲粗。

（4）形意拳

形意拳是以三体式为基本桩法，以五行拳（劈、崩、钻、炮、横）和十二形拳（龙、虎、猴、马、蛇、鸡、鹞、燕、鼍、鼍、鹰、熊）为基本拳法而组合成的拳术。特点是动作整齐简练、严密紧凑、发力沉着、朴实明快。

（5）八卦掌

八卦掌是一种将攻防技术运用于绕圈走转之中的拳术。它以站桩行步为基本功，以绕圈走转为运动形式，步法变换以摆扣步为主，包括推、托、带、领、扳、拦、截、扣等技法。八掌包括单换掌、双换掌、顺势掌、背身掌、磨身掌、回身掌、转身掌等。特点是沿圆走转，势势相连，身灵步活，随走随变。基本技术要求五点：三形三势、三空三扣、三圆三顶、四坠四敏、十要三病。

（6）八极拳

八极拳是一种以挨、傍、挤、靠等贴身近攻动作为主要内容的拳术。其套路结构短小精悍，发力刚脆，步法以震脚闯步为主，具有节短势险、刚猛暴烈、猛起硬落、逼身紧攻的特点。

（7）通背拳

通背拳以"腰背发力，放长击远，通背达臂"为特点，手法以摔、劈、拍、穿、钻等为主，讲究圈揽勾劫、削摩拨扇。要点是出手为掌，击手成拳；腰背发力，放长击远；甩膀抖腕，立抡成圆；大开密合，击拍响亮，发力冷弹脆快。

（8）劈挂拳

劈挂拳是一种以猛劈硬挂为主，长击快打、兼容短手的拳术。基本方法有滚、勒、劈、挂、斩、卸、剪、采、掠、摈、伸、收、摸、探、弹、砸、擂、猛十八字诀。练习时要求拧腰切胯，溜臂合腕，讲究滚勒劲、吞吐劲、劈挂劲、翻扯劲和轳辘劲等劲法。特点是大开密合、猛起硬落、迅猛彪悍、双臂交劈、斜拦横击、吞吐含放、翻滚不息。

（9）翻子拳

翻子拳是一种短促灵便、严密紧凑、拳法密集、出手脆快的拳术。主要拳法有冲、掤、豁、挑、托、滚、劈、叉、刁、裹、扣、搂、封、锁、盖、压等。特点是步疾手密，闪摆取势，上下翻转，双拳交替快捷，一气呵成。有"双拳密如雨，脆快一挂鞭"之说。

（10）少林拳

少林拳因嵩山少林寺而得名。其特点是注重技击，立足实战。套路结构短小精悍，严密紧凑，巧妙而多变。动作起、落、进、退多为直来直往。出拳出掌要求"曲而不直，直而不曲"。身法在定势中要正，运动中要进退和顺，起落自然，变换灵活。步法要求轻灵敏捷，沉实稳固，劲力主刚，讲究刚健有力和勇猛快捷。少林拳主要的套路有小洪拳、大洪拳、罗汉拳、梅花拳、七星拳、柔拳等。

（11）地趟拳

地趟拳是以跌、扑、滚、翻等摔跌技术为主要内容的拳术，技巧性较强，动作难度也较高，全套中经常出现动作有抢背、盘腿跌、摔剪、乌龙绞柱、虎扑、栽碑、扑地蹦、鲤鱼打挺以及勾、剪、扫、绞等腿法。特点是顺势而跌，旋即而起，卧地而击，高翻低滚，起伏闪避，一气呵成。

（12）戳脚

戳脚是一种以腿法为主的拳术，基本腿法包括丁、挑、踹、剪、拐、点、蹶、碾、蹬、圈、错、转等。步法有玉环步、转趾步、倒插步、旋转步等。特点是架势开展，刚健快捷，灵活多变。用法以腿为主，手脚并用，讲求"手打三分，脚踢七分"，套路有九路文趟子和九路武趟子等。

（13）象形拳

象形拳是一种模仿某一动物的技能、特长和形态，或者模仿某种特定人物的动作形态，结合攻防技法而编成的拳术。具有以形取势、以意传神的特点，不仅重其形，而且更重其意，心动形随，生动活泼，技巧性强，风格独特。流传最广的是醉拳、猴拳、鹰爪拳、蛇拳以及螳螂拳等。

2. 器械类

器械类可分为短器械、长器械、软器械和暗器械四大类。

（1）短器械

刀术：刀是武术短器械之一，素有"百兵之帅"之称，主要有撩、刺、截、拦、崩、斩、抹、带、缠裹等刀法。特点是勇猛快速，气势逼人，刚劲有力，如猛虎一般。刀的用法唯以身法为要，儇跳超距，眼快手捷，并要求进退闪转和纵跳翻腾都要刀随身换，身械协调一致。

剑术：剑是武术短器械之一，素称"百刃之君"。常见技法有刺、挑、劈、抹、挽、撩、断、点等。特点是轻快、敏捷、洒脱、飘逸、灵活多变。

鞭杆：鞭杆是武术短器械之一，又称鞭杆子。鞭杆为木制短棍，以北方的白蜡杆为常见。长度约为使用者的一臂加一肘长（约1.2米），粗（直径）3.5—3.8厘米，一头略粗，另一头略细，粗的一头称为"把"，细长的一头称为"梢"。鞭杆既可以单练，也可对练（如鞭杆对打），鞭杆的基本套路有"十三鞭"、"三十六鞭"、"陀螺鞭"等。演练时，单手或双手持鞭杆，梢把并用，常常调手换把。其技法有戳、劈、挑、扣、蹦、点、击、撩、拦、截、拨、架、推、挎、绞、压、舞花等。演练中要求手不离鞭，鞭不离身，走鞭换手干净利落，动作有左有右，身法伸屈吞吐，方法刚柔相济，力贯鞭梢。目前鞭杆在甘肃、山西、宁夏、陕西等省流行较广。

双刀：双刀是双器械的一种，以劈、斩、撩、绞等刀法结合双手左右缠头、左右腕花、交互抢臂等变化组成套路。要求身体和器械协调配合，步法与刀法上下相随，对上下肢体的协调要求较高。其特点表现为刀法密集、贴身严谨、左右兼顾。

双剑：双剑是双器械的一种，主要以穿、挂、云、刺等技法为主，结合身法、步法、双手交替变换组成套路。其运动特点表现为身随剑动、步随身移、潇洒奔放、矫健优美。

（2）长器械

枪术：枪是武术长器械之一，枪法主要是以拦、拿、扎为主，同时还有点、崩、劈、穿、挑、拨、圈枪等。特点是力注枪尖、走势开展、上下翻飞、变化莫测。枪术在众多武术流派中，虽然演练风格各异，但其技法特点基本相同。技术要求是枪扎一条线，持枪贵四平，前管后锁，艺工于一圈。

棍术：棍是长器械之一，棍法主要以打、揭、劈、盖、压、云、扫、穿、托、挑、撩、拨等。练习棍术要求梢把兼用，身棍合一，力透棍梢，表现勇猛、快速和"棍打一大片"等特点。

（3）软器械

九节鞭：九节鞭是软器械的一种，具有上下翻飞、灵活多变、可收可放、鞭法以圆周运动为主，多以抡扫、缠绕、撩挂及各种舞花组成套路。人们常以"抡起似车轮，舞起似钢棍"，"收回一团，放击一片，收回如虫，放击如龙"来形容九节鞭的运动风格。

三节棍：三节棍是软器械的一种，亦称"三节鞭"，是以铁环串联三条等长短棒而成的兵器。其全长等于习者直立直臂上举至手指尖的高度，铁环直径约为3厘米，棍质以白蜡杆为优。

流星锤：流星锤是软器械的一种，是一种将金属锤头系于长绳一端或两端制成的兵器械。只系一锤者，称"单流星"，绳长约5米；系二锤者，绳长约1.5米者，称"双流星"。其锤形态多样，大小如鸭蛋，锤身末端有象鼻眼，用于串连环。

（4）暗器械

民间武术练习中流传有飞镖、甩手箭、飞爪等暗器。

（二）对练类

对练是两个人或两个以上，按照设定的攻防进行实战演练。其中包括徒手对练、器械对练及徒手与器械对练。

1. 徒手对练

徒手对练是运用踢、打、摔、拿等方法，按照攻防格斗的运动规律编成的拳术对练套路。包括对打拳、对擒拿等。

2. 器械对练

器械对练是以器械的劈、砍、击、刺等技术动作组成的对练套路，如单刀进枪、三节棍进棍、双匕首进枪、对刺剑、对劈刀、对扎枪、对打棍、双刀进枪、朴刀进枪、三节棍进枪等。

3. 徒手与器械对练

徒手与器械对练是指一方徒手，另一方持器械进行攻防格斗的对练，如空手夺刀、空手夺棍、空手进双枪、空手夺匕首等。

（三）集体演练类

集体演练是六人或六人以上的集体进行的徒手、器械或徒手与器械的演练，以音乐伴奏、队形变化、表现武术的各种技法，如集体基本功、集体拳、集体剑、集体刀、集体枪、集体棍、集体九节鞭等。

二、武术格斗运动

武术格斗运动是指两人或多人按照一定的规则，进行斗智、斗力、斗技的对抗实战形式。目前主要有散打、太极推手和短兵三个项目。

（一）散打

散打是指两个人按一定的规则，使用踢、打、快摔等方法进行技战术和体能等对抗的竞技体育项目。1979 年开始，在北京体育大学、武汉体育学院、浙江省体委进行试点，1980 年开始推行，1982 年制定了《武术散手竞赛规则》（初稿），1989 年国家体委在江西宜春举行了第一次全国武术散打锦标赛。1991 年，在北京举办了第一届世界武术散打锦标赛。此后世界武术散打锦标赛每两年一届。散打运动由实验到正式规定竞赛项目，已日趋成熟，蓬勃发展，目前已成为我国和世界性的竞赛运动形式。

（二）太极推手

太极推手是指两人按照一定的规则，使用掤、捋、按、采、捌、肘、靠等技击方法制胜对方的搏斗运动。推手的特点是双方在粘连黏随，不丢不顶的条件下，运用肘、腕、掌、指等本体感觉来判断对方的用劲，然后用劲或借劲发力，将对手推倒或推出。

（三）短兵

短兵是指两人手持短兵，按照一定的规则，运用劈、砍、刺、崩、点、斩等攻防方法制胜对手的竞技运动。

随着我国多种经济的发展，各种商业性的武术比赛应运而生，相对于各类全国性正式散打比赛，商业性的比赛追求观赏性、刺激性。例如，在护具方面，不带头盔，不戴护胸，比赛的时间也从三战两胜制，改为五战三胜制或其他计点方式。这类比赛一般以电视的转播为媒介，先期有媒体的渲染，比赛期间有灯光的配合等，也吸引了一些观众，如

"散打王"、"功夫王"、"中国武术职业联赛"等比赛。另一方面，随着我国武术散打竞赛活动向国际推广，国外不少格斗运动的团体与我国的武术散打运动员进行交流，由于不同国际格斗组织在举行徒手格斗时所采用的体重分级、比赛场地、比赛时间、限制使用的动作与禁止击打的部位有所不同，所以中外的徒手搏击比赛一般采用协商的方式，解决上述不同事宜。目前经常性开展的有"中泰武术对抗赛"、"中日武术搏击赛"、"中俄散打对抗赛"、"中欧武术散打对抗赛"等。

三、武术功法运动

武术功法是武术运动的三种运动形式之一，是为掌握和提高武术套路和格斗技术，围绕提高身体某一运动素质或锻炼某一特殊技能而编组的专门练习。论述武术功法的概念时，自然会涉及另一个与之密切相关的概念——武术功力。所谓武术功力，是指通过武术锻炼获得的运动能力和专门技能所达到的水平。这种运动能力既包含有武术运动需要并表现出的专门能力，也包括人体活动的一般能力和对外界的适应能力。武术功法内容丰富，形式多样。从文献看，明代的《易筋经》、民国年间出版的《少林七十二艺》和《练软硬功秘诀》中，记载有上百种不同练习形式的功法。流传至今的武术各拳种和流派都有着各具特色的、丰富的功法练习内容，按照锻炼方式和锻炼效果的不同，大致可分为武术柔功、硬功、轻功、内功等。

（一）传统武术功法

传统武术功法内容丰富，形式多样。按照锻炼方式和锻炼效果的不同，大致可分为武术硬功、柔功、轻功、内功四类。

1. 武术硬功功法

武术硬功泛指增强身体抗击力和攻击力度的练习方法。大致可分为抗击类和增力类。抗击类包括有锻炼局部的铁沙掌、铁头功等，亦有锻炼全身的排打功、金钟罩等功法；增力类包括有增强指力和臂力的上罐功、拧棒功等，增强腿力的石柱功等。硬功以内部的意念、气息锻炼和外部的敲打、撞击相结合。其内练注重以意领气，意到气到，气到力发，提高在意识的支配下，将全身的劲力集中从肢体随意部位发放出去的能力。其外练注重增强肌肤的结实和承受反作用力的能力。这种内外结合的练习，能使人体锻炼成"无一处惧打，亦无一处不打人"的所谓"金刚之体"。硬功锻炼有助于强筋骨，长力气。但练习时要严守循序渐进原则，注意预防伤害事故，以免损坏身体。

武术硬功功法中常见的有掌旋球功、推山掌功、合盘掌功、抓绷子功、抓圆锥功、拔桩功、锁指功、拈捻功、拈悬功、点石功、一指禅功、卷棒功、麻辫功、揉球功、铁牛耕地功、吊袋功、石锁功、石柱功、铁头功、抵棍功、戳插功、滚铁棒功、双锁功、霸王肘功、靠臂功、拍靠功、搂贴撞靠功、木人功、排打功、铁膝功、踢桩功、扫桩功等。

2. 武术柔功功法

柔功是武术功法的一类，泛指锻炼肢体关节活动幅度和肌肉舒缩能力、提高柔韧性的练习方法。在武术运动中，不论是要达到一定的拳式规格，表现一定的运动幅度、速度和力度，还是要在对搏时击中对手和闪避对方的攻击，都直接受到肢体关节活动幅度的大小、肌肉舒缩能力的影响。因此，柔韧素质是习武者最基本的体能之一。

柔功的内容主要包括肩部柔功、腕部柔功、胸背部柔功、腰部柔功、腿部柔功和足踝部柔功。柔功的锻炼形式有静压和动转两类。静压又分为以自身内力进行练习的"主动压"和借助外力进行的"被动压"。动转是肢体以某关节为轴进行的屈伸、收展或绕环运动。在柔功练习中，静压和动转两种运动形式缺一不可，只有相辅相成方能获得柔功练习的最佳效果。在腿部柔功练习中，前人还总结出压、摆、撕、耗、控等方法。

3. 武术轻功功法

轻功是中国传统武术功法中跨越障碍的练功方法之一。该练习方法对发展人体的柔韧性、协调性、灵敏性、空间平衡能力、协调自控能力、爆发速度等专项素质具有重要作用。轻功训练主要是通过逐步增加跳跃的高度、身负重物（如砂袋、铅衣等）的重量，提高训练难度，增进自身的力量、速度和平衡能力，发掘人体潜能。传统的轻功功法有跑桩功、走砖功、梅花桩功、跑缸边功、跑簸萝功、飞行功、跳坑功、跑板功等。虽然中国武术在长期的传习中留下了许多有效的练功方法，可以作为提高人的某方面能力的手段，但是人体的机能是有极限的，练习轻功时，应当循序渐进而又要遵循科学的规律。

四、武术内功功法

武术的内功功法是武术运动中，采用以意领气、以气运身、以身发力为基本锻炼手段的一种内外兼修的方法。它的目的在于人体运动时，意、气、劲、形四者一动俱动、一到俱到、一止俱止的能力。通过武术内功锻炼，可以获得内壮外勇、内外合一以及激发人体潜能的效果。内容主要包括各流派的桩功（如浑元桩、骑马桩、七星桩、养生桩等）和坐功，以及武八段锦、十二段锦、易筋经十二势、太极筑基功、八卦转旋功、形意三桩五拳功等。

在民间传统中还有武术感知功之说，主要是提高视觉、听觉和皮肤等感官感知能力的功法。

PART 6 竞赛规则

套路竞赛规则

一、竞赛组织机构

（一）竞赛委员会

1. 组成：世界性比赛由国际武术联合会和大会组委会选派若干名竞赛业务人员组成，领导大会的竞赛工作。各洲、各地区和各国根据不同的比赛规模，可设立竞赛委员会、竞赛部或竞赛处。由负责竞赛业务的技术官员若干人组成。

2. 职责：在大会组委会统一领导下，负责整个大会的竞赛组织工作。

（二）仲裁委员会

1. 组成：由主任、副主任、委员3、5人或7人组成。

2. 职责：

（1）接受运动队的申诉，并及时做出裁决，但不改变裁判评判结果。

（2）仲裁委员会表决票数超过半数以上的决定方为有效。表决投票相等时，仲裁委员会主任有决定权。仲裁委员会成员不参加与本人所在会员协会有牵连问题的讨论与表决。

（3）仲裁委员会的裁决为最终裁决。

（三）执行裁判

1. 组成

（1）总裁判长1人、副总裁判长1—2人。

（2）根据比赛的规模设1—2个裁判组。每组设裁判长1人；A组评分裁判员3人；B组评分裁判员3人；C组评分裁判员3人，共10人组成。

2. 职责：

裁判人员在大会竞赛委员会领导下进行工作，其职责如下：

（1）总裁判长

总裁判长负责组织、领导各裁判组的工作，保证竞赛规则的执行，检查落实赛前各项准备工作；解释规则与规程，但无权修改规则与规程；在比赛过程中，根据比赛需要可调动裁判人员工作。裁判人员发生严重错误时，有权处理；对运动员或教练员在赛场上无理纠缠，有权给予警告；对不听劝告者，有权建议技术委员会严肃处理，直到取消成绩；审核并宣布成绩，做好裁判工作总结。

（2）副总裁判长

副总裁判长负责协助总裁判长工作；在总裁判长缺席时，由一名副总裁判长代行其职责。

（3）裁判长

裁判长的工作内容包括组织本裁判组的业务学习和实施裁判工作；执行比赛中运动员完成创新难度的加分；执行比赛中对套路时间不足或超出规定的扣分，宣布运动员的最后得分；裁判员发生严重的评判错误时，可向总裁判长建议给予相应的处理；参与 B 组演练水平的评分。

（4）裁判员

裁判员的工作内容包括服从裁判长的领导，做好本组的裁判工作；依据规则，独立进行评分，并作详细记录；A 组裁判员负责运动员整套动作质量的评分；B 组裁判员负责运动员整套演练水平的评分；C 组裁判员负责运动员整套难度的评分。

（5）编排记录长

负责编排记录组的全部工作，审查报名表、自选套路难度登记表，并根据大会要求编排秩序册；准备比赛所需表格，审查核实比赛成绩及名次；编排成绩册。

（6）检录长

检录长负责检录组的全部工作；按照比赛顺序按时进行检录，并检查运动员器械、服装。

（四）辅助工作人员

1. 编排记录员（3 人—6 人），根据编排记录长分配的任务进行工作。

2. 检录员（3 人—6 人），根据检录长分配的任务进行工作；将比赛运动员带入场后，向裁判长递交检录表。如有变化及时报告总裁判长和宣告员。

3. 宣告员（1 人—2 人），向观众介绍上场运动员，报告比赛成绩，介绍有关竞赛规程、规则和比赛项目的特点及武术套路运动的知识。

4. 放音员（1 人—2 人），负责收取音乐录音带或光碟，根据比赛出场顺序进行编号。

5. 竞赛摄像人员（2 人—4 人），负责对全部竞赛项目进行现场摄像；遵照仲裁委员会的要求，负责播放相关项目录像；全部录像均应按大会规定予以保留。

（五）电子评分操作人员

负责操作电子评分设备。

二、竞赛通则

（一）竞赛性质

按竞赛类型分为个人赛、团体赛、个人及团体赛。

按年龄可分为成年赛、青少年赛、儿童赛。

（二）竞赛项目

竞赛项目单练项目、对练项目和集体项目。

单练项目包括长拳、太极拳、南拳、剑术、刀术、枪术、棍术、太极剑、南刀、南棍。

对练项目包括徒手对练、器械对练、徒手与器械对练。

集体项目按竞赛年龄分为成年组（18 周岁及以上）、青少年组（12 周岁至 18 周岁以下）、儿童组（不满 12 周岁）。

（三）申诉

参赛队如果对裁判评判本队结果有异议，必须在该场该项比赛结束后 15 分钟内，由该队领队或教练向仲裁委员会以书面的形式提出申诉，同时交付 100 美元申诉费。一次申诉仅限一个内容。仲裁委员会对申诉要进行审议，查看录像，如裁判组评判正确，提出申诉的运动队必须坚决服从。如果因不服而无理纠缠，根据情节轻重，可由仲裁委员会建议国际武联技术委员会给予严肃处理，直至取消比赛成绩。如判定属于裁判组的错误，仲裁委员会提请国际武联技术委员会对错判的裁判按有关规定进行处理，并退回申诉费；但不改变裁判评判结果。

（四）比赛顺序的确定

在竞赛委员会和总裁判长的监督下，由编排记录组抽签决定出场顺序。如有预赛、决赛的比赛，其决赛的出场顺序，则按预赛成绩的高低，由低到高确定。如预赛排名相同，则抽签决定出场顺序。

（五）检录

运动员须在赛前40分钟到达指定地点报到，参加第一次检录，并接受检查服装和器械。赛前20分钟进行第二次检录，赛前10分钟进行第三次检录。

（六）礼仪

运动员听到上场点名时和宣布最后得分时，应向裁判长行抱拳礼。

（七）计时

运动员由静止姿势开始动作，计时开始；运动员结束全套动作后并步站立，计时结束。

（八）示分

运动员的比赛结果，公开示分。

（九）弃权

运动员不能按时参加检录与比赛，则按弃权论处。

（十）兴奋剂检测

根据国际奥林匹克委员会的规定和国际武术联合会的具体要求，进行兴奋剂检测。

（十一）名次评定

个人单项（含对练）名次按比赛的成绩高低排列名次。得分最高者为该单项的第一名，次高者为第二名，依次类推。个人全能名次按各单项得分总和的高低（或根据规程确定办法）进行评定，得分最高者为全能第一名，次多者为第二名，依次类推。集体名次得分最高者为该项目第一名，次高者为第二名，依次类推。团体名次根据竞赛规程关于团体名次的确定办法进行评定。

如果得分相等，则按如下准则处理：

个人项目得分相等时，则，1. 以完成动作难度等级高者列前。2. 以完成高等级动作难度数量多者列前。3. 以演练水平应得分高者列前。4. 以演练水平分得分高者列前。5. 如仍相等，名次并列。6. 如有预、决赛，成绩相等时，以预赛成绩高者列前。若再相等，则以决赛成绩按上述几条评定名次。

个人全能得分相等时，以比赛中获单项第一名多者列前；如仍相等，则以获得第二名多者列前，依次类推；如获得所有名次均相等，则并列。

无难度要求项目成绩相等时，则以个人项目得分相等的处理办法第4、5、6条评定名次。

团体总分相等时，以全队获得单项第一名多者列前；如仍相等，则以获得第二名多者列前，依次类推；如获得单项名次均相等，则并列。

（十二）创新难度的申报

对武术套路的创新须遵循一定的原则，必须符合武术运动的本质属性和运动规律；必须具备较高的专项素质与专项技能才能完成的；必须是规则中"自选项目动作难度内容及等级与分值确定表"中未出现的 B 级（含 B 级）以上的动作难度。如申报跳跃、跌扑类的翻转性创新动作难度必须含连接难度。

在申报程序上，每个创新难度只允许申报一次。申报运动队必须填报"自选套路创新难度申报审批表"，并配以技术图解和本人演练的影像资料在赛前 60 天上报到国际武联技术委员会。由国际武联技术委员会聘请有关专家 5 人—7 人组成自选套路创新技术鉴定委员会，负责此项工作。

（十三）竞赛有关规定

参赛运动员必须根据竞赛规则和规程要求选择难度，在规定网站上填报"自选套路难度登记表"，确定该运动员比赛套路的起评分，并将确认的表格经教练员签字后于赛前 30 天（以到达邮戳为准）寄到主办单位。

在套路完成时间上，长拳、南拳、剑术、刀术、枪术、棍术、南刀、南棍套路，成年组不得少于 1 分 20 秒；青少年（含儿童）不得少于 1 分 10 秒；太极拳、太极剑自选套路、集体项目为 3—4 分钟；太极拳规定套路为 5—6 分钟；对练不得少于 50 秒。

关于比赛音乐，规程规定配乐的项目必须在音乐（不带歌词）伴奏下进行，音乐可以根据套路的编排自行选择。

裁判员应穿统一的服装，佩戴裁判等级标志；运动员应穿武术比赛服（式样见副则），佩带号码。

三、自选套路内容的有关规定

（一）自选长拳、剑术、刀术、枪术、棍术套路的内容规定

1. 长拳至少包括拳、掌、勾三种手型；弓步、仆步、虚步三种步型；弹腿、踹腿、后扫腿三种腿法和顶肘及扣腿平衡。

2. 剑术至少包括弓步、仆步、虚步三种主要步型；一个持久性平

衡；刺剑、挂剑、撩剑、点剑、劈剑、崩剑、截剑、剪腕花等八种主要器械方法（其中必须有完整的左右挂剑接背后穿挂剑）。

3. 刀术至少包括弓步、仆步、虚步三种主要步型；缠头、裹脑、劈刀、扎刀、斩刀、挂刀、云刀、背花刀等八种主要器械方法（其中必须有完整的缠头、裹脑刀）。

4. 枪术至少包括弓步、仆步、虚步三种主要步型；拦枪、拿枪、扎枪、穿枪、崩枪、点枪、舞花枪、挑把等八种主要器械方法（其中必须有连续 3 个一次性完成的拦、拿、扎枪）。

5. 棍术至少包括弓步、仆步、虚步三种主要步型；平抡棍、劈棍、云棍、崩棍、绞棍、戳棍、舞花棍、提撩花棍等八种主要器械方法（其中必须有连续 3 个一次性完成的双手提撩花棍）。

（二）自选太极拳、太极剑套路的内容规定

太极拳至少包括两种腿法；弓步、仆步、虚步三种步型；揽雀尾、野马分鬃、搂膝拗步、云手、左右穿梭、掩手肱捶、倒卷肱、搬拦捶等八种主要动作。

太极剑至少包括弓步、仆步、虚步三种步型和刺剑、挂剑、撩剑、点剑、劈剑、截剑、抹剑、绞剑等八种主要器械方法。

（三）自选南拳、南刀、南棍套路的内容规定

1. 南拳至少包括虎爪；挂盖拳和抛拳两种拳法；弓步、仆步、虚步、蝶步和骑龙步两种步型；以及麒麟步、横钉腿和滚桥。

2. 南刀至少包括弓步、虚步、骑龙步三种步型；缠头、裹脑、劈刀、抹刀、格刀、截刀、扫刀、剪腕花刀等八种主要器械方法（其中必须有完整的缠头、裹脑刀）。

3. 南棍至少包括弓步、虚步、骑龙步三种步型；劈棍、崩棍、绞棍、滚压棍、格棍、击棍、顶棍、抛棍等八种主要器械方法。

散打竞赛规则

一、竞赛通则

（一）竞赛种类

分为团体比赛和个人比赛

（二）竞赛办法

分为循环赛、淘汰赛和复活赛三种，每场比赛采用三局两胜制，每局净打 2 分钟，局间休息 1 分钟。

（三）参赛年龄与资格审查

成年运动员的参赛年龄限在 18—35 周岁，青少年运动员的参赛年龄限在 15—18 周岁以下；参赛运动员必须携带《运动员注册证》；运动员必须有参加比赛的人身保险证明；运动员必须出示自报到之日起前 15 天内县级以上医院出具的包括脑电图、心电图、血压、脉搏等指标在内的体格检查证明。

（四）体重分级

散打比赛根据体重，设有 48 公斤级、52 公斤级、56 公斤级、60 公斤级、65 公斤级、70 公斤级、75 公斤级、80 公斤级、85 公斤级、90 公斤级、100 公斤级、100 公斤以上级共 12 个级别的比赛。

（五）称量体重及其规定

称量体重分两次进行，第一次在抽签前进行，第二次在进入前八名后进行；运动员经资格审查合格后方可参加称量体重，并且必须携带《运动员注册证》；必须在仲裁委员的监督下称量体重，由检录长负责，编排记录员配合完成；运动员必须按照大会规定的时间到指定地点称量体重。称量体重时裸体或只穿短裤（女子运动员可穿紧身内衣）；称量体重先从比赛设定的最小级别开始，每个级别在 1 小时内称完；如体重不符，在规定的称量时间内达不到报名级别时，则不准参加后面所有场次的比赛。

（六）抽签

比赛由编排记录组负责抽签，有仲裁委员会主任、总裁判长及参赛队的教练或领队参加；在第一次称量体重后进行抽签，由比赛设定的最小级别开始。如该级别只有 1 人，则不能参加比赛。

（七）服装护具

比赛的护具分红、黑两种颜色。运动员必须穿戴竞赛组委会指定的拳套、护头、护胸，并且必须穿戴自备的护齿、护裆和缠手带，护裆必须穿在短裤内，缠手带的长度为 2.5 米—3.5 米；运动员必须穿指定的与比赛护具颜色相同的服装。比赛对拳套的重量也做出规定，男子 65 公斤级及以下级别和女子及青少年运动员的拳套重量为 230 克；男子 70 公斤级及以上级别的拳套重量为 280 克。

（八）比赛礼仪

介绍运动员时，运动员向观众行抱拳礼。每局比赛开始前，运动员上台后先向本方教练员行抱拳礼，教练员还礼；运动员之间再相互行抱拳礼。宣布比赛结果时，运动员交换站位。宣布结果后，运动员先相互行抱拳礼，再向台上裁判员行抱拳礼，裁判员还礼。然后向对方教练员行抱拳礼，教练员还礼。边裁判员换人时，互相行抱拳礼。

（九）弃权

1. 比赛期间，运动员因伤病（需有医务监督出具的诊断证明）或体重不符不能参加比赛，作弃权论，不再参加后面场次的比赛，但已进入名次的成绩有效。

2. 比赛进行时，运动员实力悬殊，为保护本方运动员的安全，教练员可举弃权牌表示弃权，运动员也可举手要求弃权。

3. 不能按时参加称量体重、赛前 3 次检录未到或检录后擅自离开，不能按时上场者，作无故弃权论。

4. 比赛期间，运动员无故弃权，取消本人全部成绩。

（十）竞赛中的有关规定

1. 临场执行裁判员应集中精力，不得与其它人员交谈，未经裁判长许可不得离开席位。

2. 运动员必须遵守规则和比赛礼仪，尊重和服从裁判员。在场上不准有吵闹、谩骂、甩护具等任何表示不满的行为。每场比赛未宣布比赛结果前，运动员不得退场（因伤需急救者除外）。

3. 每名教练员只能代表所报名单位进行现场指导，并只能带一名助手或队医协助工作。比赛时，教练员和助手或队医坐在指定位置；局间休息时，允许给运动员按摩和指导。

4. 运动员严禁使用兴奋剂，局间休息时不得输氧。

二、裁判人员及其职责

（一）裁判人员的组成

设总裁判长 1 人，副总裁判长 1 至 2 人；临场执行裁判组设裁判长、副裁判长、台上裁判员各 1 人，边裁判员 3 人或 5 人，根据比赛需要，可设 1—2 组裁判人员；设记录员、计时员各 1 人；设编排记录长 1 人；设检录长 1 人。

（二）辅助裁判人员的组成

设编排记录员 2 人至 4 人；检录员 4 人至 6 人；医务监督 1 人，医务人员 2 人至 3 人；宣告员 1 人至 2 人；电子计分系统操作员 2 人至 3 人。

（三）裁判人员的职责

1. 总裁判长

总裁判长负责组织裁判人员学习竞赛规程、规则和裁判法；负责检查落实场地、器材、裁判用具及称量体重、抽签、编排等有关竞赛的准备工作；根据竞赛规程、规则的要求，解决竞赛中的有关问题，但不能修改竞赛规程和规则；每场比赛，若有运动员因弃权变动秩序，应及时通知裁判长、编排记录长和宣告员；在比赛中指导各裁判组的工作，根据需要可以调动裁判人员；负责检查裁判员执行规则的情况。裁判组出现有争议的问题，总裁判长有权做出最后决定；负责审核、签署和宣布比赛成绩；负责向大会递交书面总结。

2. 副总裁判长

负责协助总裁判长工作，总裁判长缺席时，可代行其职责。

3. 裁判长

负责本组裁判员的学习和工作安排；负责比赛中监督和指导裁判员、计时员、记录员的工作；台上裁判员有明显错判、漏判时，鸣哨提示改正；边裁判员出现明显错判，宣布结果前征得总裁判长同意后可以改判；根据临场运动员的情况和记录员的记录，处理优势胜利、下台、处罚、强制读秒等有关规定事宜；负责每局比赛结束后，宣告评判结果，决定胜负；负责每场比赛结束时审核、签署比赛成绩。

4. 副裁判长

负责协助裁判长工作，根据需要可以兼任其他裁判员的工作。

5. 台上裁判员

台上裁判员的工作内容包括检查场上运动员的护具，保障比赛安全；用口令和手势指挥运动员进行比赛；判定运动员倒地、下台、犯规、消极、强制读秒、临场治疗等有关事宜；宣布每场比赛结果。

6. 边裁判员

边裁判员负责根据规则判定运动员的得分；每局比赛结束后，根据裁判长信号，同时、迅速显示评判结果；每场比赛结束后，在记分表上签名并保存，以备检查核实。

7. 记录员

记录员负责赛前认真将有关信息填入记录表；参加称量体重的工作，并将每名运动员的体重填入每场比赛的记录表；根据台上裁判员的口令和手势，记录运动员被警告、劝告、强制读秒、下台的次数；记录边裁判员每局的评判结果，确定胜负后报告裁判长。

8. 计时员

计时员负责赛前检查铜锣、计时钟，核准秒表；负责比赛、暂停、读秒、局间休息的计时；负责每局赛前 10 秒钟鸣哨通告，每局比赛结束鸣锣通告；在无电子计分系统的情况下，负责每局比赛结束时，宣读边裁判员的评判结果。

9. 编排记录长

编排记录长负责运动员资格审查，审核报名表；负责组织抽签，编排每场比赛秩序表；负责准备比赛中所需要的表格，审查核实成绩，录取名次；登记和公布各场比赛成绩；统计和收集有关材料，汇编成绩册。

10. 编排记录员

编排记录员根据编排记录长分配的任务进行工作。

11. 检录长

检录长负责称量运动员体重；负责护具的准备与赛中护具的管理；赛前 20 分钟负责召集运动员检录；检录时，如出现运动员不到或弃权等问题，及时报告总裁判长；按照规则的要求，检查运动员的服装和护具。

12. 检录员

检录员根据检录长分配的任务进行工作。

13. 宣告员

宣告员负责摘要介绍竞赛规程、规则和有关的宣传材料；介绍临场裁判员、运动员；负责宣告评判结果。

14. 医务监督

医务监督负责审核运动员《体格检查表》；负责赛前对运动员进行体检抽查；负责临场伤病的治疗与处理；负责因犯规造成运动员受伤情况的鉴定；负责竞赛中的医务监督，对因伤病不宜参加比赛者，应及时向总裁判长提出其停赛建议；配合兴奋剂检测人员检查运动员是否使用违禁药物。

15. 电子计分系统操作员

电子计分系统操作员负责与电子计分系统操作相关的工作。

三、仲裁委员会及其职责与申诉

（一）仲裁委员会由主任、副主任、委员 3 人或 5 人组成。

（二）仲裁委员会的职责包括：

1. 仲裁委员会在大会组委会的领导下进行工作。主要受理参赛队对裁判人员有关违反竞赛规程、规则的判决结果有不同意见的申诉。

2. 受理参赛队对裁判执行竞赛规程、规则的判决结果有异议的申诉，但只限对本队判决的申诉。

3. 接到申诉后，应立即进行处理，不得耽误其他场次的比赛、名次的评定及发奖。裁决结果出来后，应及时通知有关参赛队。

4. 根据申诉材料提出的情况，必要时可以复审录像，进行调查。召开仲裁委员会讨论研究。开会时可以邀请有关人员列席参加，但无表决权。仲裁委员会出席人数必须超过半数以上做出的决定方为有效。表决结果相等时，仲裁委员会主任有终裁权。

5. 仲裁委员会成员不参加本人所在单位参赛队有牵连问题的讨论。

6. 对申诉提出的问题，经过严格认真复审，确认原判无误，则维持原判；如确认原判有明显错误，仲裁委员会提请中国武术协会对错判的裁判员按有关规定处理。仲裁委员会的裁决为最终裁决。

（三）申诉程序及要求

1. 运动队如果对裁判组的判决结果有异议，必须在该运动员比赛结束后 15 分钟内，由本队领队或教练向仲裁委员会提出书面申诉，同时交付 1000 元的申诉费。如申诉正确，退回申诉费；申诉不正确的，则维持原判，申诉费不退，作为优秀裁判员的奖励基金。

2. 各队必须服从仲裁委员会的最终裁决。如果无理纠缠，根据情节轻重，可以建议竞赛监督委员会、竞赛组委会给予严肃处理。

四、竞赛监督委员会及其职责

（一）竞赛监督委员会由主任、副主任、委员 3 或 5 人组成。

（二）竞赛监督委员会的职责

1. 监督仲裁委员会的工作。对于不能正确履行仲裁委员会职责，裁决运动队的申诉不公，有违反《仲裁委员会条例》的人员，视情节轻重，给予批评、教育、撤换乃至停止工作的处分。

2. 监督裁判人员的工作。对于不能正确履行自己的职责，不能严肃、认真、公正、准确的进行裁判，有明显违反规程、规则的行为者；有明显错判、漏判、反判的行为者；接受运动队的贿赂，以不正当的手段偏袒运动员者，视情节轻重，给予批评、教育、撤换、停止工作，乃至建议对其实施降级或撤消其裁判等级的处分。

3. 监督参赛单位各领队、教练、运动员的行为。对于不遵守《赛区工作条例》、《运动员守则》，不遵守竞赛规程、规则及赛场纪律，对参赛队行贿，运动员之间搞交易、打假赛等有关违纪人员，视情节轻重，给予批评、教育、通报、取消比赛成绩、取消比赛资格等处分。

4. 竞赛监督委员会听取领队、教练、运动员、仲裁人员、裁判人员对竞赛过程中的各种反映及意见，保证竞赛公正、准确、圆满、顺利地进行。

5. 竞赛监督委员会不直接参与仲裁委员会、裁判人员职责范围内的工作，不干涉仲裁委员会、裁判人员正确履行自己的职责，不介入判决结果的纠纷，不改变裁判组的判决结果和仲裁委员会的裁决结果。

PART 7 战术技术

武术基础

武术基础，通常称为基本功，是指从事武术运动所必备的体能、技能和心理素质。要打好武术基础，需要进行一系列综合训练。这些训练突出了武术运动的专项要求，注重在发展身体力量、柔韧、速度、耐力、灵敏等素质的同时，又注意对人体内脏功能及心志活动的提高，具有明显的内外兼修的作用。武术基本功的主要内容有臂功、腰功、腿功和桩功。

一、臂功

主要是增进肩关节韧带的柔韧性，加大肩关节的活动范围，发展臂部力量，增强上肢的转绕能力和灵活性，为学习和掌握各种手法提供必要的条件。练习方法主要有压、转、撑、绕等。

（一）压肩

有主动压和被动压两种。主动压肩是自己利用肋木或其它适合的物体来进行，被动压肩是由他人帮助进行。压肩又可分为正压和反压，正压是向前上扳压，反压是向后上扳压。在进行压肩时要注意压点应集中于肩关节部位，振幅应逐步加大，增加外力时应由小到大，掌握适中，以防拉伤。

1. 正压肩

面对一定高度的物体（或肋木）站立，距离一大步，两脚左右分开与肩同宽或稍宽。两手抓握一定高度的物体（或肋木），上体前俯并做下振压肩动作。利用肋木压肩时，也可由另外一人骑在练习者背上，随着练习者的下振动作有节奏地给以助力。也可以两人对面站立，互相扶按肩部，做体前屈振动压肩动作。

2. 反压肩

背对一定高度的物体（或肋木）站立，两脚左右分开与肩同宽或稍宽。两手抓握一定高度的物体（或肋木），上体正直挺立并做下蹲反振压肩动作。

（二）转肩

1. 持棍转肩

开步站立，两手正握小棍，相距一定距离。以肩关节为轴，两臂由体前经头上绕至背后，再由背后经头上绕于体前。

2. 持橡皮筋转肩

开步站立，两手正握橡皮筋，相距一定距离。以肩关节为轴，两臂由体前经头上绕至背后，再由背后经头上绕于体前。

（三）绕环

包括单臂绕环和双臂绕环。动作时注意松肩、直臂，立圆贴身，逐渐加速。

1. 单臂绕环

成左弓步站立，左手按于左膝上（也可以两脚开立、左手叉腰），右臂垂于体侧。右背由上向后、向下、向前绕环，为向后绕环。右臂由上向前、向下、向后绕环，为向前绕环。练习时左右臂交替进行。做左臂绕环时，换右弓步站立。练习时，臂伸直，肩放松，画立圆，逐渐加速。

2. 双臂绕环

双臂绕环包括前后绕环、左右绕环和交叉绕环。

两脚开立同肩宽，两臂垂于体侧。左右绕环时，左右两肩依次做绕环。左臂由下向前、向上、向后做向后绕环；右臂由上向后、向下、向前做向前绕环。然后再做反方向的绕环。左右绕环时，两臂同时向右、向上、向左、向下画立圆绕环，然后再反方向画立圆绕环。交叉绕环时，两臂直臂上举，左臂向前、向下、向后，右背向后、向下、向前，同时于体侧画立圆绕环。练习时可左右交替进行。练习绕环时，臂伸直，肩放松，画立圆，逐渐加速。

（四）仆步抢拍

两脚开立略宽于肩，两臂垂于体侧。左脚向左迈出一步成左弓步，上体随之左转，同时右臂向左前下方伸出；左掌手心向里，掌指向下，插于右臂肘关节处。上动不停，上体右转成右弓步，同时右臂直臂由左向上、向右抢臂画弧至右上方，左掌下落至左下方。上动不停，上体右后转，同时右臂直臂向下、向后抢臂画弧至后下方，左臂直臂向上、向前抢臂画弧至前上。上动不停，上体左转成右仆步，同时右臂直臂向上、向右、向下抢臂画弧至右腿内侧拍地；左臂向下、向左抢臂画弧停于左上方。练习时；左右交替进行。右仆步抢臂动作，称右仆步抢拍；左仆步抢臂动作，称左仆步抢拍。练习这一动作时要注意松肩转腰，两臂成反方向的直线，向上抢臂时要贴近耳朵，向下抢臂时要贴近腿，右仆步抢拍时眼随右手，左仆步抢拍时眼随左手。

（五）倒立

面对墙两脚前后站立，距离墙一大步远，两臂直臂上举。两臂伸直，两手间距同肩宽撑地，靠墙做手倒立。练习倒立时，要挺胸、立腰，两腿并拢伸直，脚面绷平。静止时间可逐渐增加，熟练后可不靠墙做。

二、腰功

练习腰功主要为培养腰部柔韧性、灵活性和力量，加大腰部的活动范围。在手、眼、身法、步四个要素中，腰是较集中体现身法技巧的关键，同时腰又是贯通上下肢体的枢纽，所以，腰功的训练非常重要，武术谚语说"练拳不活腰，终究艺不高。"练习的方法主要有俯腰、甩腰、晃腰、拧腰、翻腰、涮腰和下腰7种。

（一）俯腰

时并步站立，两手手指交叉，直臂上举，手心朝上，上体前俯，两手尽量贴地。然后两手松开，抱住两脚跟腱逐渐使胸部贴近腿部，持续一定的时间再起立。还可以向右或向左侧转体，两手在脚外侧贴触地面。练习时两腿挺膝伸直，挺胸、塌腰、收髋，并向前折体。

（二）甩腰

开步站立，两臂上举。以腰、髋关节为轴，上体做前后屈和甩腰动作，两臂也跟着甩动，两腿伸直。练习时前后甩腰要快速，甩腰幅度大，动作紧凑而有弹性，两腿保持直立姿势。

（三）涮腰

两脚开立，略宽于肩，两臂自然下垂。以髋关节为轴，上体前俯，两臂随之向左前下方伸出。然后向前、向右、向后、向左翻转绕环。练习时重心要稳，两膝可稍屈，两脚不要移动。动作要圆滑松活，尽量增大绕环幅度。

（四）下腰

两脚开立，与肩同宽，两臂伸直上举。腰向后弯，抬头、挺腰，两手撑地成桥形。练习时要求肩、胸、腰、髋尽量展开，膝部要尽量伸直，挺膝、挺髋，向上顶腰，桥弓要大，脚跟不得离地。手脚间距离越小越好，但也不要做不切实际的过高要求。注意循序渐进。

（五）晃腰

开步站立，间距大于肩宽，两臂侧平举。上体挺腹后仰，向左右转动，两臂也随之摆动。晃动时，必须挺胸、展腹，幅度尽量大。

（六）拧腰

拧腰时，腰部要尽量松开，挺胸、展髋，后伸之臂在拧腰滚转的全过程中尽量保持水平位置不变，宛如上体从臂下钻过一般。整个动作要协调灵敏。

（七）翻腰

可用歇步，也可用插步，总的来说，姿势都要求低一些。翻转时腰部要放松，上体沿纵轴翻转，不得上起，两臂要抡成立圆。整个动作要协调敏捷。

以上腰功的练习方法，在训练中可以组合进行，其次序不是固定的练习次序，可以根据情况灵活调整。

三、腿功

练习腿功主要发展腿部的柔韧性、灵活性和力量。练习方法有压腿、扳腿、劈腿、踢腿和控腿等。

（一）压腿

压腿可以提高大腿肌肉的伸展能力和弹性，加大髋关节的活动范围。压腿的方法主要有正压、倒压、后压和仆步压四种。

1. 正压腿

面对一定高度的物体或肋木，并步站立。左腿提起，脚跟放在物体或肋木上，脚尖勾起，踝关节屈紧，两手扶按膝上。两腿伸直，立腰，收髋，上体前屈，并向前、向下做压振动作。练习时，左右腿交替进行。正压腿必须正对前方，支撑腿脚尖向前，不得外撇。

2. 侧压腿

侧对一定高度的物体或肋木站立。右腿支撑，脚尖稍外撇。左腿举起，脚跟搁在物体或肋木上，脚尖勾起，踝关节紧屈。右臂上举，左掌附于右胸前。两腿伸直，立腰、开髋，上体向左侧压振。练习时，左右交替进行。练习时要求直体向侧、向下压振；要逐渐加大振幅，逐步提高腿的柔韧性，逐步过渡到右手握左脚掌、上体侧卧在被压腿上。

3. 后压腿

背对一定高度的物体或肋木并步站立，两手叉腰或扶一定高度的物体。右腿支撑，左腿举起，脚背搁在物体或肋木上，脚面绷直，上体后屈并做压振动作，左右交替进行。练习时两腿挺膝，支撑腿全脚着地，脚趾抓地，挺胸、展髋、向后屈腰。

4. 仆步压腿

两脚左右开立。右腿屈膝全蹲，全脚着地，左腿挺膝伸直，脚尖里扣。然后两手分别抓握两脚外侧，成左仆步。接着右腿蹬地，右腿伸膝，重心左移，左膝弯曲，转成右仆步。左右仆步可交替进行。练习时，要求挺胸、塌腰，左右移动不要过快。沉髋，使臀部尽量贴近地面移动。

（二）扳腿

练习扳腿可增进腿部的柔韧性，加大髋关节的活动幅度，提高腿部支撑及上举的能力。扳腿的方法主要有正扳、侧扳和后扳三种。从形式上又可分为主动扳和被动扳两种。在被动扳腿时，还可让运动员躺卧在地上，由同伴协助扳腿。

1. 正扳腿

左腿屈膝提起，右手握住左脚，左手抱膝。左腿向前上方举起，挺膝，脚外侧朝前。也可由同伴托住脚跟上扳。练习时，左右交替进行。要求挺胸、塌腰、收髋。

2. 侧扳腿

右腿屈膝提起，右手经小腿内侧向下托住脚跟。将右腿向上方扳起，左臂上举亮拿。也可由同伴托住脚跟向侧扳腿。

3. 后扳腿

手扶一定高度的物体或肋木，并步站立。左腿支撑，由同伴托起右腿从身后向上举，挺膝，脚尖绷直，上体略前俯。当同伴向后上方振腿时，上体后仰。也可由同伴用肩扛大腿做后扳动作。练时，左右交替进行。

（三）劈腿

练习劈腿可加大髋关节的活动幅度，增进腿部的柔韧性。劈腿练习可以结合压腿和扳腿进行。劈腿的方法有竖叉和横叉两种。

1. 劈叉

两臂侧平举并步站立。两臂侧平举或两手左右扶地，两腿前后分开成直线。左腿后侧着地，脚尖起；右腿的内侧或前侧着地。练习时要求挺胸、立腰、沉髋、挺膝。

2. 横叉

两臂侧平举并步站立。两臂侧平举或两手在体前扶地，两腿左右分开成直线，脚内侧着地。要求挺胸、立腰、沉髋、挺膝。劈叉前应先做压腿、摆腿和踢腿等练习。如柔韧性较差，可多做左右分腿的压振动作，或用手扶肋木做逐步向下劈腿的动作。

（四）踢腿

踢腿是腿功练习中的重要内容，也是表现基本功训练的主要内容之一。通过踢腿练习，可提高腿部的柔韧、力量和速度等素质，也有利于培养正确的身体姿态。踢腿的方法主要有正踢、斜踢、侧踢、外摆、里合、后踢。

1. 正踢腿

两脚并立，两手立掌或握拳，两臂侧平举。左脚向前上半步，左脚支撑，右脚脚尖勾起向前额处猛踢。两眼向前平视。练习时左右交替进行。要求挺胸、直腰，踢腿时脚尖勾起绷落或勾起勾落。收髋猛收腹，踢腿过腰后加速，要有寸劲。

2. 斜踢腿

两脚并立，两手立拳或握拳，两臂侧平举。右脚向前半步，右腿支撑，左脚勾紧脚尖向异侧耳际猛踢。两眼向前平视。练习时左右腿交替进行。要求挺胸、直腰，踢腿时脚尖勾起绷落或勾起勾落。收髋猛收腹，踢腿过腰后加速，要有寸劲。

3. 侧踢腿

两脚并立，两手立掌或握拳，两臂侧平举。右脚向前上半步，左脚脚跟稍提起，身体略右转，左臂前伸，右臂后举。随即左脚脚尖勾紧向左耳侧踢起，同时右臂屈肘上举亮掌，左臂屈肘立掌于右肩前或垂于裆前。眼向前平视。踢左腿为左侧踢；踢右腿为右侧踢。练习时要求挺胸、直腰、开髋、侧身、猛收腹。

4. 外摆腿

两脚并立，两手立掌，两臂侧平举。右脚向右前方上半步，左脚尖勾紧，向右侧上方踢起，经面前向左侧上方摆动，直腿落在右腿旁。眼向前平视。左掌可在左侧上方击响，也可不做击响。练习时左右交替进行。要求挺胸、塌腰、松髋、展髋，外摆幅度要大，成扇形。练习时可先压腿、踢腿，然后再做外摆腿。

5. 里合腿

两脚并立，两手立掌，两臂侧平举。右脚向右前方上半步，左脚脚尖勾起里扣并向左上方踢起，经面前向右侧上方直腿摆动，落于右脚外侧。右手掌可在右侧上方迎击左脚掌（击响），也可不做击响动作。眼向前平视。练习时，左右腿交替进行，要求挺胸，直腰。里合幅度要大，并成扇形。先压腿、踢腿，然后再做里合腿。

6. 后踢腿

两脚并立，两手平掌，两臂侧平举。左脚向前上一步，两臂向后、向下、向前、向上摆，同时右腿向后、向上踢起，落扬时成预备姿势。练习时可先压腿、踢腿，然后再做后踢腿，左右腿交替进行。要求挺胸、抬头，两腿伸直，支撑脚全脚掌着地。

（五）控腿

练习控腿可以发展腿部力量，提高腿部支撑和上举的控制能力。练习方法主要有前控、侧控和后控三种。控腿时要保持姿势正确。注意挺胸、直背、挺膝，重心要稳，不要依附于辅助物；控腿的高度心须服从于姿势正确的前提，切忌片面追求高度而产生身体歪斜、支撑腿弯曲等毛病；在做前控和侧控腿时，可先做提膝独立动作，停留片刻再挺膝伸直做前、侧控腿。

四、桩功

桩功是武术基本功中最独特的锻炼形式，是以静站的方式锻炼气息、修养意念和增强力量的方法。桩功的桩式颇多，但从性质上可分为两种：一种是"静中求动"的，在平静中求得气血和畅。练习时要松静人定，摒绝杂念，比如"浑元桩"就属于这一种。另一种是"动中求静"的，在动中求得气息的平静，借以除去浮躁之气，存以神清气，使精、气、神相合，像"马步桩"就属于这一种。但无论练习哪一种桩功，都必须做到姿势正确，意念平静，气息平和，气沉丹田。站桩的时间，初练时不要过长，以一至二分钟为宜，而后再逐步增加。

套路技术

长拳技术

长拳的基本动作内容主要包括手型、手法、步型、步法、腿法、平衡和跳跃动作。

一、手型

主要有拳、掌、勾。

（一）拳

四指并拢卷握，拇指紧扣于食指和中指第二指节上。要求拳握紧，拳面平，直腕。

（二）掌

四指并拢伸直，拇指弯曲紧扣于虎口处。（三）勾

五指第一指节捏拢在一起，屈腕。

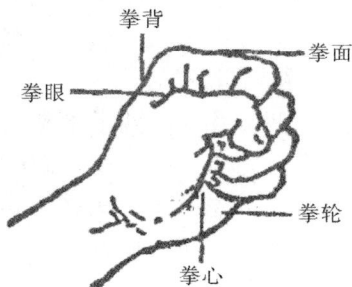

拳

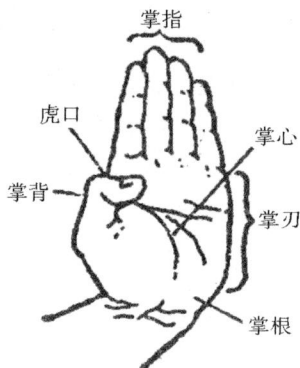

掌

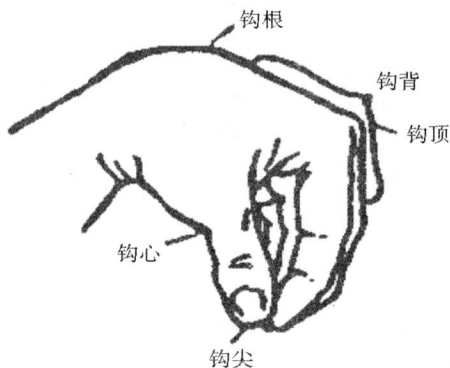

钩

二、手法

手法是运用拳、掌、勾等手型，结合上肢冲、架、推、劈等运动方法所表现出的技法。基本动作有冲拳、劈拳、撩拳、掼拳、推掌、摆掌、亮掌、顶肘、格肘。

（一）冲拳

动作解析

冲拳攻击对方头、胸等部位。属进攻性拳法分平拳与立拳两种，平拳拳心向下，立拳拳眼向上。练习时两脚开步站立，两脚之间的距离同肩宽，两拳拳心向上抱于腰间，肘尖向后，挺胸、收腹、立腰、沉肩。转腰顺肩，将右拳从腰间向前猛力冲出，高与肩平，臂要伸直，力达拳面。当肘关节过腰后，前臂要内旋加速，同时左肘向后牵拉。眼向前平

视。练习时左右交替进行。

练习要点

1. 必须以腰的转动来带动两臂的运动。

2. 肩关节要松活，切忌僵滞耸起。

3. 冲拳要直线运行，即从起点到终点，要两点一线，不可走曲线、弧线。

4. 出拳要快速有力，有寸劲。

5. 练习时先慢做，不要用全力，待准确掌握动作后，再快速用力。

冲拳

6. 掌握冲拳动作后，应结合各种步型、步法和腿法等做冲拳练习。

（二）劈拳

动作解析

抡拳劈击对方头、臂等部位，属进攻性拳法，分前劈、侧劈和抡劈。练习时两脚并步站立；两手握拳抱于腰间。左拳由腰间向右经脸前向上摆起，接着，左拳由上向左侧快速下劈，力达拳轮，臂伸直，拳眼向上（为抡劈拳），眼视左拳，然后，屈臂收拳于腰间，还原。拳自上向左（右）侧劈，为侧劈。拳自上向前劈，为前劈。

练习要点

1. 以肩动带臂，直臂下劈，力达拳轮。

2. 两脚开步站立做单臂慢劈拳练习，不要用全力。注意体会以肩带臂等动作要点。

3. 两脚开步站立做双手交替左右劈拳练习，注意速度由慢到快，要有节奏感。

4. 熟练后，可结合各种步型、步法做劈拳练习。

劈拳

（三）撩拳

动作解析

撩拳以拳眼或拳背向前撩击对方裆部或其它部位，属进攻性拳法，有正撩和反撩之分。练习时两脚并步站立；两臂自然下垂于两腿外侧；眼平视前方。左脚向左侧迈步，屈膝，右腿伸直成左弓步；右手握拳直臂向前撩击，高不过肩，力达拳眼，拳眼向上，左臂屈肘，左掌附于右臂上；眼视右拳，此为正撩。反撩为力达拳轮或拳背、拳心。

撩拳

练习要点

1. 以肩为轴直臂向前撩击，速度要快，力达拳眼。

2. 臂部要保持适度紧张，并注意将臂伸直后再做撩击动作。

（四）贯拳

动作解析

贯拳是以拳攻击对方太阳穴或后脑，属进攻性拳法。练习时两脚并步站立；两手握拳抱于腰部两侧；眼平视前方。左脚向前上步，屈膝，右腿伸直成左弓步；右拳从腰间向右、向前上方弧形横击，力达拳面，臂、腕微屈，拳眼斜向下，眼视右拳。

练习要点

1. 以腰带臂向前上方横击。

2. 肘关节保持一定的弯曲与弹性，避免过于僵直。

（五）砸拳

动作解析

砸拳是以拳背由上向下砸击对方某一部位，属攻击性拳法。练习时两脚并步站立，两臂自然下垂于两腿外侧，眼睛平视前方。右手握拳向上举起，左手成掌置于腹前，掌心向上，随之右臂屈肘向下，以拳面为力点砸

砸拳

落于左掌心上，拳心向上，力达拳面，同时，两腿屈膝下蹲。

练习要点

1. 挺胸、立腰、落臀。

2. 可通过开步站立做单手空砸拳的练习来体会动作路线及要点。

3. 熟练后可结合步型、步法进行左右交替练习。

（六）抄拳

抄拳

动作解析

抄拳是以拳面攻击对方下颏、胸、腹等部位。属进攻性拳法。练习时两脚并步站定，两手握拳抱于腰间；眼平视前方。左脚向左侧迈步，屈膝，同时身体左转，右腿伸直成左弓步，右拳下落后随转身向前上方抄打，高不过头，力达拳面，拳背向前；眼视右拳。

练习要点

1. 抄打时，腰向左拧转，力达拳面。

2. 肩臂手均保持适度的紧张，注意分清与"撩拳"的不同做法。

（七）栽拳

动作解析

栽拳是以拳面向下攻击对方，属攻击性拳法。练习时两脚并步站立；两手垂于体侧；眼平视前方。左脚向左一上步，屈膝，同时身体左转，右腿伸直成左弓步；屈肘握拳上提至耳侧，随即迅速向前下方击打，力达拳面，拳背向前。左掌附于右臂前侧。

练习要点

1. 击打时，要顺肩并配合向下沉气。

2. 注意保持头颈正直，可多做肩臂绕环，放松，顺肩等练习。

（八）龟拳

动作解析

栽拳

龟拳是以拳背盖打对方脸、头等部位。属进攻性拳法。练习时两脚并步站立；两臂自然下垂；眼睛平视前方。左脚向前上步，同时左手向上举起，右手握拳屈臂提至体前。接着，右拳以肘关节为轴从胸前向上、向前盖击，力达拳背，拳心向上，左掌向下收于右肘下，掌心向下；眼视右拳。

练习要点

1. 盖击要迅速，力点要准确。

2. 注意分清与其它拳法的力点区别及用法的不同之处。

（九）架拳

动作解析

基本姿势与冲拳相同。右拳向下、向左、向上经头前向右上方画弧、架起，拳眼向下，眼看左方。练习时，左右可交替进行。

练习要点

1. 松肩，肘微屈，前臂内旋。

2. 先慢做，不要用全力，着重体会动作路线，然后再逐步加力。

（十）推掌

动作解析

基本姿势与冲拳相同。右拳变掌，前臂内旋，并以掌根为力点向前猛力推击。推击时要转腰，顺肩，臂要伸直，高与肩平。同时左肘向后牵拉。练习时，可左右交替进行。

练习要点

1. 挺胸、收腹、直腰。

2. 出掌要快速有力，有寸劲。

3. 出掌同时要做好拧腰、顺肩、沉腕、翘掌等动作。

（十一）劈掌

动作解析

劈掌是以掌沿劈击对方身体的某一部位，属攻击性掌法。动作技术与"劈拳"相同，惟以掌沿劈击。可参照"劈拳"进行练习。

推掌

（十二）砍掌

动作解析

砍掌是以掌沿横击对方身体的某一部位，属进攻性掌法。分俯掌、仰掌砍击。练习时两脚开步站立；两拳抱于腰间，拳心向上；眼视前

方。两脚不动；右拳变掌屈肘上抬起至胸前，掌心向下，然后平向右侧横砍，力达掌外沿，手心向下（手心向下是俯掌，向上为仰掌）砍击，眼视右掌。

练习要点

1. 掌、腕要伸直。

2. 练习时，手腕保持适度紧张，同时注意区分与其它拳法的不同用力部位。

（十三）挑掌

动作解析

挑掌是以掌背格开对方的来拳或器械，属防守性掌法。练习时两脚开步站立，与肩同宽，两手握拳抱于腰间，拳心向上；眼视前方。两脚不动，左拳变掌向下，向前直臂撩出，掌心向右，随之左掌腕部下沉，四指上翘，与肩同高，臂微屈，成挑掌，掌心向右前。

练习要点

1. 向下沉腕时，要迅速、有力，力达四指。

2. 若掌立不直，可多做压腕练习，提高腕部柔韧性和力量。

（十四）穿掌

动作解析

穿掌是以指尖穿击对方胸、喉等部位，属进攻性掌法。练习时两脚开步站立，与肩同宽；两手握拳抱于腰间，拳心向上；眼视前方。左拳变掌由腰侧向左、向前划弧，掌心向上；眼视左掌。接着，右拳变掌，掌心向上，臂由屈到伸，经左掌上向前上穿出，左掌收于右腋下，眼视右掌。

练习要点

1. 穿掌时，要挺胸、立腰、顺肩，力达指尖。

2. 可参照"劈拳"练习方法进行。

（十五）插掌

动作解析

插掌是以指尖插击对方，属进攻性掌法。练习时两脚并步站立，两臂下垂于体侧；眼平视前方。左脚向前上步，右腿屈膝提起；同时右臂屈肘上提，右掌置于右耳侧，左掌摆于身前。接着，右脚落地，两腿屈膝并拢；同时，右掌以指尖为力点向下插击，左掌收于右胸前；眼视右掌。

练习要点

1. 插击时，四指、腕部要伸直，力达指尖。

2. 参照"劈拳"方法进行练习。

3. 注意腕部和手指保持适度紧张，使之成挺直状态。

撩掌

（十六）撩掌

动作解析

撩掌是以掌心或掌根撩击对方裆部，属攻击性掌法。动作与"撩拳"相同，惟以掌心向前直臂撩击。

练习要点

可参照"撩拳"。

（十七）按掌

动作解析

按掌是以掌心下按对方攻来之肢体，属防守性掌法。练习时两脚并步站立，两臂自然下垂，眼视前方。两臂从两侧划弧上举；眼视右掌。接着，两臂屈肘经胸前向下按掌，力达掌心，掌指相对，掌心向下，头向左转；眼视左方。

练习要点

1. 沉肩、按掌与转头要协调一致。保持两臂微屈。

2. 两臂保持适度弯曲与弹性，不要伸得过于僵直。

3. 可先慢速练习。在慢动作正确的基础上，配合转头练习，头的转动要正直。熟练后做快速的配合。

（十八）亮掌

动作解析

预备姿势与冲拳相同，右拳变掌，经体侧向右、向上画弧，至头部右前上方时，抖腕亮掌，臂成弧形。掌心向前，虎口朝下，眼随右手动作转动，亮掌时，注视左方。练习时，左右手交替进行。

（1）　　　　　　（2）

（3）　　　　　　（4）

亮掌

练习要点

1. 抖腕、亮掌与转头要同时完成。

2. 可经常做转腕练习，借以提高腕部的灵活性。

（十九）搂手

动作解析

搂手是以掌抓搂对方攻来之手，属防守攻击性手法。练习时两脚左右分开站立，与肩同宽；两手握拳抱于腰间；眼视前方。右拳变掌，拇指分开，掌心向前下，向左、向前、向右划弧抓搂，随即收回。

练习要点

1. 以腰带臂，拇指分开，眼随手转。

2. 开始练习时，按正确动作慢速练习，体会动作运行路线及要点。掌握要领后可加快速度和双手交替练习。熟练后可结合步型、步法进行变化练习。如"搂手弓步冲拳"等。

（二十）舞花手

动作解析

舞花手是当对方以右拳向我胸部击来时，我即双手交叉于胸前接住对方的右前臂，随即两手翻转，将对方擒住。练习时两脚开步站立，两臂自然垂于体侧，眼视前方。两臂一起向左右两侧举起，手心向下。接着，两臂一起向前平摆于胸前交叉，右臂在上，左臂在下，两掌心向下。动作不停，右手翻拿向后、向右划弧，左手也翻攀向前，向左划弧，两掌心向上。接着，右手继续向右、向前、向左划弧翻掌，掌心向上，左手也继续向左；向后，向右划弧翻掌，掌心向下，两掌交叉至胸前，左掌在上，右掌在下。

动作要点

1. 两掌翻转划弧要以腕为轴，两手腕不得分开，在空中划一平圆。

2. 通过做压腕、转腕练习以提高腕部的灵活性。

3. 先进行较慢舞花手练习，体会动作运行路线和要点，熟练后逐渐加快速度和力量。

4. 两手腕要紧贴在一起，以腕为轴划弧翻掌，翻转时两手不要分开。

（二十一）顶肘

动作解析

顶肘是以肘尖顶击对方的胸腹部位，属攻击性肘法。练习时两脚左右开步站立；两手握拳抱于腰间；眼平视前方。右拳随前臂内旋提至左胸前，拳心向下，左拳变掌扶于右拳顶端。接着，右臂以肘尖为力点，

顶肘

向右侧顶击，左掌向右推助，头向右转，眼视右方。

练习要点

1. 挺胸、立腰，发劲应短促有力。

2. 注意屈臂抬平，松肩并下沉。

（二十二）盘肘

动作解析

盘肘是以前臂和上臂夹击对方颈部，属攻击性肘法。练习时两脚左右开步站立；两手握拳抱于腰间；眼平视前方。右臂向右侧抬起成平举，拳心向下；头向右转，眼视右拳。右臂快速屈肘内夹，与肩同高。

练习要点

1. 挺胸、立腰，力达前臂。

2. 练习时，注意肩部放松并下沉。

（二十三）里格肘

动作解析

里格肘是用前臂向内格挡对方的进攻，属防守性肘法。练习时两脚左右开步站立；两手握拳抱于腰间；眼视前方。右臂屈肘侧举，上臂与肩同高，拳面向上，眼视右拳。不停，右前臂外旋向身体内侧横拨格挡，力达前臂内侧。

练习要点

1. 挺胸、立腰，发劲短促有力。

2. 有意识加强前臂内旋、外旋练习。

（二十四）外格肘

与"里格肘"相同，惟右前臂内旋，向身体外侧横拨格挡。

三、步型

步型和步法练习主要是增进腿部的速度和力量，以提离两腿移动转换的灵活性和稳固性。主要的步型有弓步、马步、虚步、仆步、歇步、丁步、坐盘。

（一）弓步

动作解析

并步站立，两拳抱于腰间，眼平视前方。左脚向前一大步（约为本人脚长的五倍左右），脚尖微内扣，左腿屈膝半蹲（大腿接近水平），膝与脚尖垂直。右腿挺膝伸直，脚尖内扣（斜向前方），两脚全脚着地。上体正对前方，眼向前平视，两手抱拳于腰间。弓右腿为右弓步；弓左腿为左弓步。

练习要点

1. 前腿弓，后腿绷；挺胸、塌腰、沉髋；前脚同后脚成一直线。

2. 逐步延长练习时间，左右弓步交替练习。

3. 原地保持弓步姿势不动，加做左右冲拳或推掌练习。左右弓步可交替练习。

4. 可进行左弓步冲右拳，再上步接做右弓步冲左拳的连续动作练习。

（二）马步

动作解析

马步

并步站立，两拳抱于腰间，眼平视前方。两脚平行开立（约为本人脚长的三倍），脚尖正对前方，屈膝半蹲，膝部不超过脚尖，大腿接近水平，全脚着地，身体重心落于两脚之间，两手抱拳于腰间。

练习要点

1. 挺胸、塌腰、脚跟外蹬。

2. 原地做马步蹲起练习，即蹲马步和站立交替进行。

3. 还可做马步左右冲拳或推掌的练习。

4. 两脚距离不可过大或太小，量出三脚距离后再下蹲做马步。

（三）虚步

动作解析

并步站立，两拳抱于腰间，眼平视前方。两脚前后开立，右脚外展45度，屈膝半蹲，左脚脚跟离地，脚面绷平，脚稍内扣，虚点地面，膝微屈，重心落于后腿上。两手叉腰。眼向前平视。左脚在前为左虚步；右脚在前为右虚步。

练习要点

1. 挺胸、塌腰、虚实分明。

2. 可先手扶一定高度的物体进行练习；或先把姿势放高一些，然后逐渐按规格要求做正确的动作。

3. 可结合手型、手法练习。

（四）仆步

动作解析

并步站立，两拳抱于腰间，眼平视前方。两脚左右开立，右腿屈膝全蹲，大腿和小腿靠紧，臀部接近小腿，右脚全脚着地，脚尖和膝关节外展；左腿挺直平仆，脚尖里扣，全脚着地。两手抱拳于腰间。眼向左方平视。仆左腿为左仆步；仆右腿为右仆步。

虚步

练习要点

1. 挺胸、塌腰、沉髋。

2. 初练时可使平仆腿的脚外侧抵住固定物体（如墙壁），不让脚外侧掀起。

3. 多做仆步压脚练习，同时强调平仆腿一侧用力沉髋、拧腰。

4. 若上体前倾，可挺胸、塌腰后再下蹲成仆步。

（五）歇步

动作解析

并步站立，两拳抱于腰间，眼平视前方。两腿交叉靠拢全蹲，左脚全脚着地，脚尖外展，右脚前脚掌着地，膝部贴近左腿外侧，臀部坐于右腿接近脚跟处，两手抱拳于腰间。眼向左前方平视。左脚在前为左歇步；右脚在前为右歇步。

练习要点

1. 挺胸、塌腰、两腿靠拢并贴紧。

2. 前脚脚尖充分外展，两腿贴紧。

3. 若两腿贴不紧，可加强膝与踝关节柔韧性的练习。

（六）坐盘

动作解析

并步站立，两拳抱于腰间，眼平视前方。两腿交叉，右腿屈膝，大小腿均着地，脚跟接近臀部，左腿在身前横跨于右腿上方。左大腿贴近胸部。两手抱拳于腰间。眼向左前方平视。左腿在前为左坐盘；右腿在前为右坐盘。

练习要点

练习要点与"歇步"同。

（七）丁步

动作解析

并步站立，两拳抱于腰间，眼平视前方。并步站立，两腿屈膝半蹲，右脚全脚着地，左脚脚思掀起，脚尖里扣并虚点地面，脚面绷直，贴于右脚脚弓处，重心落于右腿上。两手叉腰，眼向前平视。左脚尖点地为左丁步；右脚尖点地为右丁步。

练习要点

练习要点与"虚步"同。

四、步法

步法练习主要是增进腿部的力量和速度，以提高两腿移动转换的灵活性。主要的步法有击步、垫步、弧形步。

（一）击步

动作解析

两脚前后开立，同肩宽，两手叉腰。上体前倾，后脚离地提起，前脚随即蹬地前纵。在空中时，后脚向前碰击前脚。落地时，后脚先落，前脚后落。眼向前平视。

练习要点

1. 跳起空中时，要保持上体正直并侧对前方。

2. 可结合挑掌等手法进行练习。

（二）垫步

动作解析

两脚前后开立，同肩宽，两手叉腰。后脚离地提起，脚掌向前脚处落步，前脚立即以脚掌蹬地向前上跳起，将位置让于后脚，然后再屈膝提腿向前落步。眼向前平视。

练习要点

练习要点与"击步"同。

（三）弧形步

动作解析

两脚前后开立，同肩宽，两手叉腰。两腿略屈，两脚迅速连续向侧

丁步

前方行步。每步大小略比肩宽，走弧形路线。眼向前平视。

练习要点

1. 挺胸、塌腰，保持半蹲姿势，身体重心要平稳，不要有起伏现象。落地时，由脚跟迅速过渡到全脚掌，并注意转腰。

2. 可结合"勾手推掌"进行。路线也可改为"S"形。

五、腿法

腿法主要有直摆性、击响性、屈伸性和扫转性四类。

直摆性腿法主要有正踢、斜踢、侧踢、外摆、里合、后撩。（可参考武术基础里的踢腿）

击响性腿法主要有单拍脚、摆莲拍脚、里合拍脚。（可参照武术基础里的踢腿）

屈伸性腿法主要有弹腿、蹬腿、侧端。

（一）弹腿

动作解析

两腿并立，两手叉腰。右腿屈膝提起，大腿与腰平，右脚绷直。提膝接近水平时，要迅速猛力挺膝，向前平踢（弹击），力达脚背。大腿与小腿成一直线，高与腰平，左腿伸直或微屈支撑。两眼平视。

弹腿

练习要点

1. 挺胸，直腰，脚面绷直，收髋。弹击要有爆发力。

2. 可先弹低腿，即弹击对方小腿胫骨部位，然后逐步增加高度。

3. 可结合手法练，如弹腿冲拳、推掌等。可左右交替练习。

4. 熟悉后可做行进间的弹腿冲拳或弹腿推掌动作。

（二）蹬腿

动作解析

两腿并立，两手叉腰。右腿屈膝提起，大腿与腰平，右脚绷直。提膝接近水平时，要迅速猛力挺膝，向前平踢，脚尖勾起，力点达于脚跟。

练习要点

练习要点与"弹腿"同。

（三）侧踹腿

动作解析

两脚并立，两手叉腰。两腿左右交叉，右腿在前，稍屈膝。随即右腿伸直支撑，左腿屈膝提起，左脚里扣，脚掌用力向左侧上方踹出，高与肩平，上体向右侧倒，眼视左侧方。练习时，可左右交替进行。

练习要点

蹬腿

侧踹腿

1. 挺膝、开髋猛踹，脚外侧朝上，力达脚底。

2. 先做侧压腿、侧摆腿等练习，然后再做侧踹腿，也可先踹低腿。熟悉后可行进间左右交替做侧踹腿。

（四）前扫腿

动作解析

两脚并立，两臂垂于体侧。左脚向右腿后插步，同时两手由下向左、向上、向右弧形摆掌，右臂伸直，与肩平，成侧立掌；左掌附于右上臂内侧，掌指向上。头部右转，目视右方。上体左后转180度，左臂随体转向左后方平搂至体左侧，稍高于肩；右臂随体转自然平移至体右侧，掌心朝前，掌指朝右下方。上体继续左转，左脚尖外撇。右掌从后向上、向前屈肘降落；同时，左臂屈肘，掌指朝上从右臂内侧向上穿出，变横掌架于头部左上方，拇指一侧向下。随即右掌下降并摆向身后变勾手，勾尖朝上。在左脚尖外撇的同时，左腿屈膝，左脚跟抬起，以左脚前掌碾地，右腿平铺，脚尖内扣，脚掌着地，直腿向前扫转一周。

练习要点

1. 头部上顶，眼睛随体转平视前方，上体正直。在扫转时，始终保持右仆步姿势，保持身体重心平衡，右膝不要弯曲。

（1）　　　　　　　　（2）

（3）　　　　　　　　（4）

前扫腿

动作解析

两腿并立，两臂垂于体侧。左脚向前开步，左腿屈膝半蹲，右腿挺膝伸直，成左弓步；同时两掌从两腰侧向前平直推出，掌指朝上；眼看两掌尖。左脚尖内扣，左腿屈膝全蹲，成右仆步姿势，同时上体右转并前俯。两掌随体右转在右腿内侧扶地，右手在前。随着两手撑地，上体向右后拧转的惯性力量，以左脚前掌为轴，右脚贴地向后扫转一周。

练习要点

1. 转体、俯身、撑地用力要连贯紧凑，一气呵成。上下肢动作不要脱节。

2. 上体右转时，两掌掌指向右同时扶地。

3. 身体直立，左腿支撑，多做高姿势的快速甩头、拧腰、扫腿动作的练习，体会拧腰、扫腿动作的用力方法和如何使动作快速、连贯的要领。

4. 可先体会拧腰带动扫腿的旋转要领，充分发挥转体、抒腰所造成的惯性力量，然后再逐步增加后扫腿的速度和力量。

六、平衡练习

（一）提膝平衡

动作解析

右腿伸直支撑，左脚屈膝提起过腰，脚面绷直，并垂扣于右腿前

2. 在扫转起动的同时，左腿迅速全蹲。

3. 上体要正直，旋转起动时以拧腰带动扫腿；左大腿后侧要贴近左脚跟，两腿间形成的右仆步姿势的角度始终不变。

4. 可先做站立扫转动作，以体会旋转时保持身体平衡的动作要领。熟悉后，再做仆步前扫的动作。可先用双手扶地增加支撑，借以维持身体平衡。待仆腿扫转的要领掌握后，再过渡到不扶地的扫腿练习。

（五）后扫腿

侧。两眼向左平视。

练习要点

1. 平衡站稳，提膝过腰，脚内扣。

2. 摇摆时，支撑腿稍屈膝调节，脚趾抓地。

（二）侧举腿平衡

提膝平衡

动作解析

两脚并步站立，两臂垂于体侧：眼视前方。右脚经左脚前向左盖步支撑，左腿屈膝提起，随即向上伸膝成平衡；右掌向右、上抖腕亮掌于头上方，左臂上移屈肘护于右胸前；眼视左侧。

练习要点

1. 挺胸立腰，举腿要高于腰部，

2. 可先做侧高压腿和侧扳腿练习，发展腿部的柔韧性。

3. 手扶有一定高度的设施做控腿和压腿练习，然后逐渐过渡到脱离支撑物的举腿练习。

4. 熟悉后进行完整的动作练习，左右交替进行。

（三）盘腿平衡

动作解析

两脚并步站立；两臂垂于体侧，眼视前方。右脚向右开步，屈膝半蹲；身体重心移至右腿，左腿屈膝提起，左脚盘放在右膝上；两掌向两侧平分成侧平举；头向右转；眼视右侧。

练习要点

1. 支撑腿脚趾抓地，盘腿、分掌和转头要同时完成。

2. 注意要挺胸、塌腰。

3. 通过做两脚并步屈膝半蹲的练习以发展腿的力量。

（四）扣腿平衡

动作解析

两脚并步站立；两臂垂于体侧，眼视前方。右脚向右开步，屈膝半蹲；身体重心移至右腿，左腿屈膝提起，盘腿脚尖勾起扣于支撑腿的膝窝处。

练习要点

练习要点与"盘腿平衡"同。

（五）望月平衡

动作解析

两脚并步站立；两臂垂于体侧；眼视前方。右脚向左前方上步，两腿屈膝交叉，两手于胸前交叉，两臂稍屈，上体稍前倾；眼视两掌。右腿伸直支撑，左腿向后上方摆起，小腿屈收，脚面绷紧，上体侧倾并向右拧腰，两手一起向两侧分开并抖腕亮掌；左掌略高于头，臂稍弯曲，右掌略低于左小腿；头向右转，眼视右掌。

望月平衡

练习要点

1. 挺胸、塌腰、拧身，支撑腿脚趾抓地站稳。

2. 扶墙或器械等进行后压，后摆腿练习，以发展腰髋部肌肉的力量和柔韧性。

3. 做竖叉向后仰身的练习。

4. 可先手扶一定高度的支撑物，做后举腿的平衡练习，逐渐过渡到脱离支撑物的控腿练习，以提高腰背部的控制力。

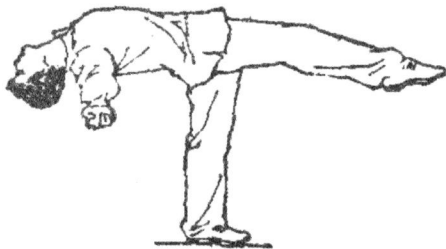

仰身平衡

（六）仰身平衡

动作解析

两脚并步站立；两臂垂于体侧，眼视前方。左腿支撑，右腿屈膝提起；两手成立掌于胸前交叉。右腿伸膝向前点击，脚面绷紧；上体后仰；两掌分别向两侧直臂分开平举，成仰身平衡。

练习要点

1. 两腿伸直，支撑腿脚趾抓地。

2. 前举腿和上体成水平，前举腿和仰身要协调一致。

（七）探海平衡

动作解析

两脚并步，屈膝半蹲，上体正直；两手立掌交叉于胸前；眼视前方。左腿支撑，右腿向后摆，脚面绷直；上体侧倾并低于水平；左攀前伸，右掌向后举起；抬头，眼视前方。

练习要点

两腿要挺直，后举腿要高抬，上体侧倾前探。

七、跳跃练习

跳跃动作是武术基本技术的主要内容之一，跳跃动作练习对于增强腿部力量和提高弹跳能力具有良好的作用。

（一）腾空飞脚

动作解析

并步站立。右脚上步，左腿向前、向上摆踢，右脚蹬地跃起，身体腾空，两臂由下向前、向头上摆起，右手背迎击左手掌。在空中，右腿向前上方弹踢，脚面绷直，右手迎击右脚面；同时左腿屈膝，左脚收控于右腿侧，脚面绷直，脚尖向下。左手在击响的同时摆至

腾空飞脚

左侧方变勾手，勾尖向下，略高于肩。上体微前倾，两眼平视前方。

练习要点

1. 右腿在空中踢摆时，脚高必须过腰，左腿在击响的一瞬间，屈膝收控于右腿侧。

2. 在腾空的最高点完成击响动作。拍击动作必须连续，准确、响亮。

3. 在空中时，上体正直，微向前倾，不要坐臀。

4. 拍脚练习可以原地进行，也可以行进间击拍。

（二）腾空箭弹

动作解析

腾空箭弹以脚尖在空中弹击对方，属攻击性动作。使用时两脚并步站立，两臂垂于体侧，眼视前方。右脚向前上步，膝关节伸直，以脚后跟着地；左臂前摆，右臂后摆；眼视前方。接着，右脚踏实蹬地向上跳起，左腿随之向前、向上摆起，同时右掌从后经腰侧向前推举，左掌回收至腰左侧；眼视右掌。接上式，随右脚蹬地跳起，使身体腾起；右腿迅速挺膝向前上方弹踢，脚面绷平，左腿屈膝回收；右掌固收至腰右侧，左掌向前推出；眼视左掌。左、右脚依次落地。

练习要点

1. 起跳腿要充分蹬伸，上体后倾要伴随向前送髋，同时注意提气、立腰，向上顶头。

2. 空中要收髋、收腹、上体稍前倾。

3. 落地时前脚掌先着地，然后过渡到全脚，随之屈膝、屈髋加以缓冲。

4. 可做原地或上步的蹬地起跳，两掌协同上摆。上步步幅适中，蹬地要迅速有力。熟悉后可结合击步或踏步等步法进行腾空箭弹练习。左右交替进行。

（三）腾空蹬踢

动作解析

腾空蹬踢是以脚跟在空中蹬击对方躯干以上部位。属攻击性动作。使用时两脚并步站立，两臂垂于体侧，眼视前方。右脚向前上步，膝关节伸直，以脚后跟着地；左臂前摆，右臂后摆；眼视前方。接着，右脚踏实蹬地向上跳起，左腿随之向前、向上摆起，同时右掌从后经腰侧向前推举，左掌回收至腰左侧；眼视右掌。接上式，随右脚蹬地跳

（1）　　　（2）　　　（3）

（4）　　　（5）　　　（6）

腾空蹬踢

起，使身体腾起；右腿屈膝向前蹬伸，脚尖勾起。左腿屈膝回收；右掌固收至腰右侧，左掌向前推出；眼视左掌。左、右脚依次落地。

练习要点

练习要点可参考"腾空箭弹"。

（四）腾空双飞脚

动作解析

腾空双飞脚是以脚跟在空中蹬击对方躯干以上部位。属攻击性动作。使用时两脚并步站立，两臂垂于体侧，眼视前方。左脚向前上一

腾空双飞脚

步，右脚向前跟进一步，两腿屈膝半蹲，两臂后摆于体后。随之，两脚蹬地向上跳起，两腿屈膝，脚面绷平；同时，两臂向上摆起，身体腾空。在腾空中，两脚一起向前弹踢，两手击拍两脚面，上体稍前倾。然后两脚以前脚掌先着地，逐渐过渡到全脚，并屈膝，屈髋缓冲，还原为准备姿势。

练习要点

1. 起跳时，两脚要充分蹬伸踝、膝、髋关节，同时注意提气、立腰、头上顶、两臂快上摆。

2. 在空中要收髋、收腹，两腿前弹踢至与地面平行，上体稍前倾。

3. 注意起跳与提气相配合，要立腰、向上顶头，两腿尽量向上、向前摆。

4. 落地时，注意以两脚掌领先着地，身体保持适度紧张。

（五）腾空侧踹

动作解析

腾空侧踹是以脚外侧在空中踹击对方躯干以上部位，属攻击性动作。使用时两脚并步站立；两臂垂于体侧；眼视前方。右脚经左脚前向左上步，身体向右转约90°，两腿屈膝，左脚跟抬起；同时，右手向前下方插出，左臂屈肘于胸前；眼视右手。随之，身体前移，右脚蹬地向上跳起，左腿屈膝上提；两手也随之上摆。身体腾空后，左腿伸膝向左踹击；同时左掌向左侧横掌击出，右手变拳抽回至右胸前，上体向右侧倾；眼视左侧。身体下落，右、左脚依次落地。

练习要点

1. 起跳时，注意充分蹬伸踝、膝、髋，头向上顶，侧踹与侧身要协调一致

2. 可通过做原地侧踹腿练习，以掌握正确的侧踹腿要领。

3. 通过进行原地屈腿跳练习，以体会起跳时的伸踝、膝、髋和收腹动作，提高弹跳高度。

4. 可通过手扶支撑物练习腾空侧踹腿动作，以便掌握正确的空中造型。

5. 基础动作熟悉后可进行完整的动作练习。左右交替进行。

（六）腾空摆莲

动作解析

1. 并步站立。

2. 高虚步挑掌。右脚后撤一大步，同时右臂向前、向上挑掌，左臂后摆至体后。重心后移，左脚回收至身前虚点地面，成高虚步。同时右臂向上、向后、向下、向前绕环一周于身前挑掌，高与肩平，掌指朝上；左臂向前、向上、向后绕环抡摆至身后与肩齐平的部位，掌指上挑。两肩随两臂转动，上体挺胸、直腰、顺肩，两眼随右掌转视前方。

3. 弧形步上跳。左脚向前进半步，右脚随之向前进一大步，脚尖外展，屈膝略蹲。在上右步的同时，右掌弧形回收至腰间，左臂由后经上摆至头前上方。右腿蹬伸上跳，左脚屈膝提起收扣于身前，身体腾空。右臂在跳起的同时，经左臂内侧向上弧形斜上举，左臂顺势摆向身后，两眼随右掌转视左侧，头部左转，右肩前顺。右脚落地，左脚随之在身前落步，右脚再进一步，脚尖外展；身体右转，同时右臂顺势下落，左臂前摆。

4. 腾空摆莲。右脚蹬地跳起，同时左腿向右上方里合踢摆，两手于头上击响，上体向右旋转，身体腾空。右腿外摆，两手先左后右地拍击右脚面，左腿屈膝收控于右腿侧。上体微前倾，两眼随视两手。在空中击响时，左腿可伸直分开摆动，控于体侧。

练习要点

1. 上步要成弧形。右脚踏跳时，注意脚尖外展和屈膝微蹲。

2. 上跳时，左腿注意里合扣踢。

3. 右腿外摆要成扇形，上体微前倾，要靠近面前击掌。两手先左后右拍击右脚面，击响要准确响亮。

4. 在击响的一刹那，左腿屈膝收控于右腿内侧，或伸膝外展置于身体左侧。

5. 在完成动作过程中，要注意起跳、拧腰、转体。里合左腿与外摆右腿等动作要紧密协调。

（七）旋风脚

动作解析

1. 开步站立。

2. 高虚步亮掌：右臂向前上方弧形摆掌，同时左臂屈肘，左掌收于左腰间，上体微左转，目随右掌。右掌经体前向左、向下、向右、向头上抖腕亮掌，掌心向前，掌指朝左，同时左掌从右臂内穿出，经胸前向上、向左摆至左侧，掌指朝上，高与肩平。左脚在右臂抖腕亮掌的同时收于体前，脚尖虚点地面，成高虚步。头部左转，两眼随右掌抖腕亮掌转视左侧。

3. 旋风脚：左脚向左上步，同时左手向前、向上摆起，右臂伸直向后、向下摆动。右腿随即上步，脚尖内扣，准备蹬地踏跳。左臂向下摆动并屈肘收至右胸前，随之，左臂向上、向下抡摆，上体向左旋转前俯。重心右移，右腿屈膝蹬地跳起，左腿提起向左上方摆动，上体向左上方翻转，同时两臂向下、向左上方抡摆。身体旋转一周，右腿做里合腿，左手在面前迎击右脚拿，左腿自然下垂。

练习要点

1. 右腿做里合腿时，要贴近身体；接动时，膝挺直，由外向里成扇形。

2. 击响点要靠近面前。左腿外摆要舒展，并在击的一刹那离地腾空。初学时，左腿可自然下垂。当能够熟练地完成腾空动作时，左腿逐步高摆，屈膝或直腿收控于身体左侧。

3. 抡臂、踏跳、转体、里合右腿等环节要协调一致。身体的旋转不少于270度。

（八）旋子

动作解析

两脚并步站立；两臂垂于体侧；眼视前方。身体右转，左脚向左迈步；两手向右平摆。接着，上体前俯并向左后上方拧转左腿屈膝，两臂随身体平摆，同时，右腿向后上方摆起，左腿蹬地伸直相继向后上方摆起，使身体在空中平旋一周。随后，右、左脚依次落地。

练习要点

1. 蹬地、转头、甩腰，摆臂以及摆腿几个环节要协调配合，身体在空中俯身水平旋转，两腿高于水平。

2. 可通过做原地燕式平衡练习，以解决摆腿的伸直高度和身体成反弓状的空中造型。

3. 可以通过原地向左向后方平甩两臂的练习和增强燕式平衡旋转能力。

（九）大跃步前穿

动作解析

设对方向我下盘击来，我速向前跃步闪躲，同时右手向左挂防。使用时两脚并步站立，两臂垂于体侧；眼平视前方。左脚向前上步，身体重心前移，右脚跟抬起；右手向左侧下挂，左手向后摆；眼视左方。接着，左脚用力蹬地向前跃出，右腿屈膝用力前摆；身体向右转，两手向前、向上摆起，眼视右手。右脚先落地；上肢动作不变。

练习要点

1. 摆臂与蹬跳要协调一致。要求跳得高，跃得远，在空中挺胸、抬头、展体，落地要轻而稳。

2. 蹬地时，注意提气、立腰、向上顶头。

八、跌滚翻

跌扑滚翻，即身体在地上完成的摔、滚，翻等各种动作。在对抗中，当身体失去平衡时，可根据不同方向跌扑，以便进行攻击或自我保护，化险为夷。通过跌扑滚翻练习，可提高人体前庭器官的稳定性。

（一）栽碑

动作解析

栽碑技术是在对抗中，当身体前倾失去平衡时使用，以达到自我保护的目的。练习时两脚并步站立，两臂垂于体侧；眼视前方。两手握拳，屈臂置于胸前，拳与口同高；

栽碑

两脚跃提起，眼平视前方。身体挺直向前倒下着地时，以两前臂同时扑地，两肘约屈成90度。

练习要点

1. 前倒时，头颈上顶，臀部上提，两腿挟紧，腰背肌不能放松，要使整个身体挺直。

2. 可先面对墙或在软垫进行前倒练习。随着身体素质的提高和要领的掌握，可逐渐将面对物体降低或去掉软垫。

（二）仰摔

动作解析

仰摔技术是在对抗中当身体向后失去平衡时使用，以利于自我保护。练习时两脚并步站立；两臂垂于体侧；眼视前方。左腿支撑，右腿屈膝提起；上体含胸收紧，两手抱于胸前；眼视前方。接着，左腿屈膝，右脚前伸；上体后倒，下颏收紧，以肩背部着地，同时，两臂向两侧伸开击地。

练习要点

1. 下颏收紧，挺髋，展腹。

2. 后摔时，身体保持适度紧张。

（三）侧摔

动作解析

侧摔技术是在对抗中当身体向侧失去平衡时运用，以便自我保护。练习时身体正直，并步站立。右脚向左侧摆腿，左腿屈膝，脚跟稍提起，身体向右侧倾并向右转；同时，右手经腹前向右上方伸臂；眼看右手。当身体向右侧摔倒，左腿合蹲；同时，以右前臂和左手撑地，使臀部悬空；眼视右侧。

练习要点

1. 侧摔时，全身保持适度紧张，注意以右前臂内侧和左掌同时着地。

2. 通过侧摔姿势的专门练习，反复使身体放松，紧张，体会展腹、挺髋、伸右腿等技术要领和正确的身体姿势。

（四）盘腿跌

动作解析

盘腿跌是在对抗中当身体向侧失去平衡时运用，以便自我保护。练习时两脚并步站立；两臂垂于体侧；眼视前方，右腿向左前上步离地跳起，左腿向左侧上摆，上体向右侧倾斜，同时两臂向上、向右摆起，使身体在空中成侧卧姿势，随即以整个身体的右侧面落地。

练习要点

1. 从空中跌落时；必须使右臂右侧、上体右侧、右腿外侧和左掌心同时着地，以增加身体与地面的接触面积，防止损伤。

扑虎

2. 通过练习垫上的原地摔跌动作，注意身体要保持适度紧张，在掌握身体右侧能平整落地的基础上，再过渡到跳跌，最后离开垫子练习。

（五）扑虎

动作解析

设对方摔倒在地，我可以饿虎扑食之势向对方跃出，用两拳或两肘向下砸击对方。练习时两脚并步站立，两臂垂于体侧；眼视前方。两腿屈膝半蹲；两臂后摆；两脚蹬地跃起；同时，两臂向前方摆动，使身体向上、向前、向下扑出。两掌先着地，随即屈肘使胸、腹、大腿依次缓冲着地。

练习要点

1. 跳起要高，落地要轻，手、胸、腹、腿着地必须有序地完成。

2. 两手触地时，要注意挺胸、展腹，两腿可分开但不超过两肩的宽度。

（六）扑地蹦

动作解析

身体俯卧于地上，两手撑地，两臂屈肘约90°，两腿伸直以脚尖撑地。两手推地，使整个身体微离地面向上蹦跳，以头部为圆心要求向左或右蹦跳一周。

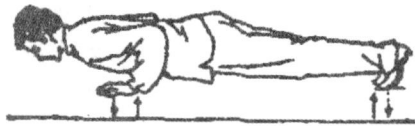

扑地崩

练习要点

1. 蹦跳要轻快，转动要迅速，臀部不得凸起，胸部和两腿均不要着地。

2. 注意两腿并拢，腰背肌和臀大肌收紧。

（七）前滚翻

动作解析

在对抗中，身体向前失去平衡时，使用前滚翻进行自我保护，或利用熟练的翻滚技术接近对方，伺机进行地躺打法。练习时两脚并步站立；两臂垂于体侧；眼平视前方。两腿屈膝下蹲，身体前俯，两手扶地；眼视前下方。接着，两脚蹬地，身体蜷屈成圆形，低头，以头后侧、肩、背、臀依次向前翻滚；然后，两脚着地迅速站起。

练习要点

1. 翻滚时，含胸、收腹，起身迅速。

2. 翻滚时，注意收下颏、含胸、收腹，将身团紧。

（八）抢背

动作解析

在对抗中，身体向前失去平衡时，使用抢背进行自我保护，或利用熟练的翻滚技术接近对方，伺机进行地躺打法。练习时右脚在前，左脚在后，两脚交错站位。左脚从后向上摆起，右脚蹬地跳起，团身向前滚翻，两腿屈膝。

练习要点

1. 肩、背、腰、臀要依次着地，滚翻要圆、要快，立起要迅速。

2. 右臂插向左腋下，头向左转，使下颌靠近左肩。

（九）后滚翻

动作解析

在对抗中，身体向后失去平衡时，使用后滚翻动作进行自我保护，或诱敌深人，借向后滚翻之机，以脚向上

后滚翻

蹬踢对方的裆、腹部位。练习时两脚并步站立；两臂垂于体侧。两腿屈膝全蹲；身体后仰；同时，两臂屈肘，两手上移至肩上，手心向上。保持团身姿势，身体向后倒，以臀、背、肩、头依次着地向后翻滚，随即两脚着地迅速站起。

练习要点

练习要点可参考"前滚翻"。

（十）鲤鱼打挺

动作解析

鲤鱼打挺是倒地后快速起身的方法之一。目的是起身迅速，以利于快速做出进攻或防守反击的选择。练习时身体仰卧，两腿伸直向上举起；两掌扶于两大腿上。接着借助两手推力，两腿向前上方快速摆动，同时挺胸、挺腹、头顶地，随两腿摆动的惯性使身体腾空跃起。然后，两脚同时落地站立。

练习要点

1. 两腿摆动与挺腹要协调一致，两脚分开一般不超过两肩的宽度。

2. 开始可多做前后甩腰练习，增加腹肌力量。

3. 初练时可多做保护练习，保护者蹲在练习者体侧，一手拉住练习者的手，另一手在其摆腿时随之上托其后背，以助正确掌握动作。

（十一）乌龙绞柱

动作解析

设对方乘我倒地之机，企图向我进攻时，我则以两腿的扫动击打对方，并借势向上绞腿迅速起身，伺机而动。练习时左腿屈膝贴地，右腿伸直，两手于体左侧扶地坐于地上。身体稍后仰，右手离地，同时右腿伸直从右向左用力平扫。随之上体向后翻仰，左腿也相继向左上方扫

举，使两腿在空中相绞。紧接着双手扶地上推，头、肩配合上顶，使身体成倒立状。随即收腹、收胯，右脚、左脚相继落地成站立姿势。

练习要点

1. 立腰、顶肩、顶头、推臂要协调配合。

2. 要注意加大扫腿力度和速度，并以肩颈部位着地，同时协调配合合腰背上顶及两臂上推。

（十二）侧空翻

动作解析

两脚并步站立，两臂垂于体侧，敏视前方。左脚向左上步蹬地伸展髋、膝、踝关节，右腿向后上摆起；同时上体向左侧倾，利用摆腿惯力使身体在空中向左侧翻转，然后右脚、左脚相继落地。

练习要点

1. 两腿伸直，翻转要快，落地要轻。

2. 面对一定高度的物体，练习蹬地摆腿配合练习。

3. 做两手撑地的侧手翻练习，逐渐过渡到单臂撑地的侧翻练习。

刀术技术

一、抱刀

动作解析

抱刀为持器械的一种方法，用于预备势或收势动作。练习时并步站立，左手持刀，刀尖向上，刀背贴于左臂，肘关节微屈，右臂垂于身体右侧，目视前方。

练习要点

食指和中指夹住刀柄，食指和拇指扣住刀刃侧护手盘，中指、无名指和小指托住护手盘。要防止刀不垂直，刀不向前的错误。

二、握刀

动作解析

握刀是持握器械的方法，由此变换出各种进攻与防守动作。练习时并步站立，右臂下垂，右手虎口贴靠护手盘，五指屈握刀柄，刀尖向前，目视前方。

练习要点

1. 手腕要灵活自然，随刀法变换，适当调整握力。

2. 注意虎口不要远离护手盘。

三、劈刀

动作解析

劈刀属进攻性刀法，意在劈击对方头，肩部。练习时右脚在前，错步站立，右手待刀上举，刀刃向前，刀尖向上，左掌按于胯旁，目视前方。右手持刀，由上向下直臂劈至体前，左掌屈肘上合，置于右肩前。（抡劈刀沿身体右侧或左侧抡一立圆）。

练习要点

1. 臂与刀成一条直线，力达刀刃前部。

2. 顺肩、伸臂、直腕，使刀把末部贴靠前臂。加强手腕、手臂力量训练。

四、砍刀

动作解析

砍刀属进攻性刀法，意在斜向砍击对方的肢体或器械。练习时开步站立，右手持刀直臂举于右斜上方，左掌按于胯旁，目视前方。右手持刀，直臂向左下方斜砍，同时左掌上合，立掌于右肩前，目视刀尖。

练习要点

1. 刀尖稍翘起，以刀根部带动刀身向下斜砍。

2. 力点要尽量把握准确。满把握住刀柄，旋臂斜向砍击，力达刀刃后部。

五、斩刀

动作解析

斩刀属进攻性刀法，高与颈齐，俗称斩首。练习时左脚在前，错步站立，右手持刀，直臂前举，左掌立于右上臂内侧，目视前方。身体右转，右臂内旋，刀向右横击，同时左掌直臂向左侧平分，目视右前方。

练习要点

1. 在完成动作的刹那间，手由满把握变螺把握，迅猛的爆发用力，贯于刀刃前部。

2. 刀臂成一线，力达于刀刃。

六、缠头刀

动作解析

缠头刀属防守性刀法，意在以刀身格挡从不同方向朝我头、肩、胸，背部攻击的兵械，并联势反击对方。练习时开步站立，右手持刀于体侧，刀尖向前，左臂前举，肘关节微屈，指尖向上，成侧立掌，目视前方。右臂内旋上举，刀尖下垂，刀背绕至左肩，左臂屈肘左掌摆至右上臂外侧，成立掌。接着，刀背贴背绕过右肩，向左平扫至左腋下，刀刃向左，刀尖向后上方，左掌向左、向上架于头上方。

练习要点

1. 肩要松沉，以腕的转动引导肘关节随动，使刀背贴近肩背，同时左手需协调配合。

2. 抓握刀柄不可过紧，臂内旋，扣腕，虎口向下，刀身竖直，刀尖尽量下垂，使刀背贴肩背而过。

七、裹脑刀

动作解析

开步站立，右手持刀置于左腋下，刀刃斜向后，刀尖向后上方，左掌架于头上方，目视前方。右手持刀，向右平扫至体前再臂外旋上举，使刀尖下垂，刀背沿右肩贴背绕至左肩，左掌向左下落至平举再屈肘平摆至右腋下。接着，右手持刀下落，置于身体右侧，力尖向左前，左手向前推出成立掌。

练习要点

缠头刀与裹脑刀的区别只是刀绕转的方向不同，练习要点可参考"缠头刀"。

八、剪腕花

动作解析

剪腕花属攻防兼备的一种刀法，主要用于剪击对方手腕。练习时开步站立，右手持刀。两臂侧平举，以腕为轴，刀在臂两侧向下贴身立圆绕环，目视右前方。

练习要点

1. 以腕为轴，快速连贯，刃背分明。

2. 刀在臂两侧贴身立绕，向前下剪点时，要刀刃向下，力达刀尖。

九、撩腕花

动作解析

撩腕花属进攻性刀法，主要用于撩击对方手腕。练习时开步站立，右手持刀。两臂侧平举，以腕为轴，刀在臂两侧向上贴身立圆绕环，目视右前方。

练习要点

撩腕花与剪腕花的区别只是动作路线相反，练习要点可参考"剪腕花"。

十、云刀

动作解析

云刀属防守性刀法，用于架拨由上向下攻击头部的器械，进而反击对方。练习时右脚在前，错步站立，右手直臂持刀成侧平举，左掌直臂成侧平举，目视右前方。右臂内旋上举再变外旋，使刀在头顶上方平圆绕环一周，左掌内合按于右手腕处，目视前方。（云刀分面前云刀、头顶云刀、头侧云刀）

练习要点

1. 活把持握刀柄，以腕为轴。
2. 以腕的转动，带动肘关节随动。

十一、背花

动作解析

背花属防守性刀法，用来拨挡来自向身前、体后攻击的器械。练习时开步站立，右手持刀，直臂侧平举，左掌直臂侧平举，目视右前方。右手持刀，臂内旋在体前下挂，成刀尖向左，左掌内合附于右前臂内侧，目视刀尖。上动不停，上体右转，右手持刀，臂外旋，向上、向右下绕动，刀尖向右下方，目视右前方。上动不停，右手持刀以腕为轴，使刀在臂外侧向下，向上立绕，刀尖向右斜上方。上动不停，右臂内旋，屈肘刀尖向下，在背后绕一立圆，左掌下落直臂摆至体左侧。上动不停，上体向左转，刀尖下落，将刀带至腹前，刀刃向下，刀尖向后，左掌合于右前臂内侧。上动不停，随上体转正，同时右手持刀经体左侧向右劈刀，刀尖向右上方，左掌直臂上分落至侧平举，目视右前。

练习要点

1. 活把握住刀柄，以腰带臂，腕关节放松，刀法贴身。
2. 注意要以腰带臂，刀走立圆。

十二、扎刀

动作解析

扎刀属进攻性刀法，根据需要扎刺对方身体的任何一个部位。根据扎的离度，分为上扎刀、平扎刀、下扎刀。练习时开步站立，右手持刀于右侧，刀尖向前，左掌按于左胯旁，目视前方。右手持刀，屈肘上提再直臂向前直刺，左掌弧形上摆，立于右前臂内侧，目视前方。

练习要点

1. 刀与臂成一直线，爆发用力，力贯刀尖。

2. 要求直臂、直腕，使刀身平直。

十三、点刀

动作解析

点刀属进攻性刀法，适用于攻击对方的指、腕、肩、臂等部位。练习时右脚在前，错步站立。右手持刀，直臂侧平举，左掌直臂侧平举，目视右前方。右手提腕，刀尖猛向下点，左掌合按于右手腕处，目视刀尖。

练习要点

1. 手腕放松，突然而短促地用力上提，使刀尖向下啄击，力达刀尖。

2. 拇指与食指扣住刀柄，其余三指松握，使柄端贴靠桡骨一侧。

十四、崩刀

动作解析

崩刀为攻防兼备的一种刀法，用来崩开对方的器械或崩击对方腕、臂等部位。练习时开步站立，右手持刀，直臂侧平举，左掌直臂侧平举，目视右前方。右手沉腕，使刀尖猛往上崩，左掌内合按于右前臂内侧；目视刀尖。

练习要点

1. 手腕突然用力下沉，使刀尖由下向上啄击，力达刀尖。

2. 肩部要放松，肘关节微屈下坠。

十五、挑刀

动作解析

挑刀为进攻与防守兼而有之的一种刀法，用于从正面挑击对方身体或向上挑开对方器械。练习时右脚在前，错步站立，右手持刀，直臂前平举，左掌立于右上臂内侧，目视前方。右手持刀，直臂上挑，左掌立于右肩前。

练习要点

1. 螺把握住刀柄，虎口向上，臂与刀成直线向上挥起，力达刀背前段或刀尖。

2. 腕关节一定要伸直。

十六、截刀

动作解析

截刀为攻防兼备的刀法，主要用于截膝、截腕或截击对方进攻的兵器。练习时左脚在前，错步站立，右手持刀；直臂前举，左掌立于右肩前；目视前方。身体右转，左脚收至右脚内侧成丁步；随转体，右手持刀，刀刃斜向下截至身体右侧，同时左掌直臂向左斜上方分掌，目视刀尖。

练习要点

1. 以短促的爆发力使刀向斜下猛击，力达刀刃前部。

2. 保持直臂、直腕，刀与臂成一条直线。

十七、撩刀

动作解析

撩刀属进攻性刀法，用于由下向上撩击对方。练习时右脚在前，错步站立，右手持刀，直臂前举，左掌立于右肩前，目视前方。右手持刀，臂内旋，直臂向上立绕至体后再变外旋，向下沿身体右侧，贴身弧形向前撩至体前上方，刀刃向上，左掌前伸，直臂向上绕至体侧，目视刀尖。（反撩刀则前臂内旋，刀沿身体左侧撩出）

练习要点

1. 做撩刀手腕要松活，以腰带臂，用力较柔和，力达刀刃前部。

2. 拧腰、旋臂，刀沿体侧由下向上僚出。

十八、挂刀

动作解析

挂刀属防守性刀法，用于挂开来自向头部和下肢攻击的兵械或拳脚。练习时右脚在前，错步侧身站立，右手持刀，直臂侧平举，左掌直臂侧平举，目视右前方。右臂内旋，刀尖向下，向左贴身挂出，两手合于腹前。（向右为右挂刀，向上为上挂刀，贴身立圆挂一周为抡挂刀）

练习要点

1. 转腰、扣腕，左挂满把握住刀柄，右挂用拇指与食指刁握刀柄，腕部放松，力达刀背前部。

2. 扣腕，刀与臂需保持合适的角度，使刀尖向下，向后贴近身体绕动。

十九、抹刀

动作解析

抹刀属进攻性刀法，高度在胸部以上，主要用于抹对方的脖子，俗称抹脖刀。练习时开步站立；右手持刀，直臂前举，左掌立于右前臂内侧，目视前方。腰向右拧转，右臂内旋，刀刃向右，由前向右弧形抽回，左掌期势助力，仍按于右前臂内侧。（旋转抹刀要求旋转一周或一周以上）

练习要点

1. 旋臂，弧形回抽，刀速均匀，用力轻柔，力达刀刃。

2. 转腰、旋臂，屈肘，满把握刀柄，弧形回带。

二十、扫刀

动作解析

扫刀用于横扫对方膝部以下部位，属进攻性刀法。练习时左脚在后下蹲成歇步，右手直臂持刀于身体右侧，刀尖与踝关节同高，左掌直臂举于左斜上方，目视刀尖。身体左转约 270 度，右臂外旋，刀刃向左，随转体向左旋转平扫一周，左掌合按于右手腕处。

练习要点

1. 刀身要平，刀刃向左（或右）与踝关节同高，动作轻快。

2. 随转体同时注意旋臂大小适宜，刀刃平行，挥臂，甩腕，力达刀刃前部。

二十一、按刀

动作解析

按刀是防中有攻的刀法，按住对方身体的某一部位使其就范，或按住对方器械，使其失去随意变化的灵活性。练习时开步站立，右手持刀侧平举，左掌直臂侧平举，目视右前方。右臂外旋，刀向上弧形按于身体左侧，与腰同高，刀尖向左，左掌合按于右手腕处，目视刀尖。

练习要点

左手助力附压于右手腕处，刀身持平。

二十二、格刀

动作解析

格刀属防守性刀法，用于格挡对方进攻的器械。练习时左脚在前，错步站立，右手持刀，直臂前举，左掌立于右前臂内侧，目视前方。右臂内旋，刀尖向下，刀刃向外。随之身体右转，右手持刀向右格挡，左掌按于右前臂内侧，目视前方。（旋转格刀要求旋转一周或一周以上）

练习要点

1. 刀身竖直，以前臂和手腕用力为主。

2. 臂内旋，身体右转配合协调使刀尖向下。

二十三、藏刀

动作解析

藏刀目的在于使对方看不清刀的位置，以利出击。练习时开步站立，右手持刀，刀尖斜向下藏于右髋侧，左掌直臂前推为平藏刀；右脚在前，错步站立，右手持刀，刀身横平，刀尖向后，藏于左腰侧，左掌架于头上方，为拦腰藏刀；开步站立，右手持刀，刀身竖直藏于左臂后，左掌架于头上方为立藏刀。

练习要点

1. 平藏刀要刀身平直，刀前身贴于右胯侧。
2. 拦腰藏刀要刀背贴靠腰侧，刀身横平。
3. 立藏刀要刀背贴于背左侧，刀身竖直。

二十四、背刀

动作解析

背刀用于防守来自向脑后背部横向攻击的器械，并顺势向左右平斩或向前劈砍。练习时开步站立，右手持刀斜上举，刀背贴靠后背，左掌直臂侧平举，目视前方；开步站立，右手持刀，臂内旋背于身后，刀尖向左斜上方，左掌直背侧平举，目视左前方。

练习要点

1. 拇指与食指刁住刀柄，其余三指松握，刀背紧贴背部。
2. 肘关节弯曲不要太大。

二十五、推刀

动作解析

推刀是一种攻防兼备的刀法，但主要是用于推开对方的器械。练习时开步站立，右手持刀于胯旁，刀尖向前，左掌垂于体侧；目视前方。右臂内旋，刀尖向下，刀刃向前，屈肘上提再直臂向前立推，左手附于刀背前部。（刀尖向左，向前横推，为平推刀）

练习要点

1. 刀身竖直，左手助推刀背。
2. 两臂一定要伸直，推刀时力在刀身中部。

二十六、错刀

动作解析

错刀属进攻性刀法，用于错击对方的身体或器械。练习时开步站立，右手持刀，直臂前平举，左掌立于右手腕处，目视前方。右臂屈肘外旋，手心向上，手腕稍后压，刀尖摆向右前方，左拿按于右腕处，目视刀尖，随之，右手持刀，向前推出为正错刀（手心向下，刀尖向左前方为反错刀）。

练习要点

1. 刀身要稍高于刀柄，着力点由刀身前段向后滑移。

2. 器械出击时要坡形向前推出。

二十七、架刀

动作解析

架刀属防守性刀法，用于撑挡对方由上向下攻击的器械。练习时左脚在前，错步站立，右手持刀，直臂前举，左掌立于右前臂内侧，目视前方。右臂屈肘内旋，刀尖摆向左倒，左手附于刀身前部，双手向上横向托起，举刀高过头，刀刃向上。

练习要点

1. 刀身保持横平，力点在刀身中部。

2. 肘关节伸直，架刀于头上方。

二十八、分刀

动作解析

分刀属防守性刀法，用于分拨向我头部攻击的器械，或平分来自向我正中攻击的器械。练习时开步站立，右手持刀于腹前，刀身水平横直，刀尖向左，左举附于右手腕处，目视前方。两手向上举，向左右直臂分开成侧平举，刀尖向上为立分刀。（由前向左右分开为平分刀）。

练习要点

1. 满把握刀，先向上推架再向左右立分。

2. 向上推送时，刀身不要过于前倾。

二十九、带刀

动作解析

带刀属防守性刀法，意在用己兵刃牵引对方器械，使之偏离进攻目标。练习时左脚在前，错步站立；右手持刀，直臂前举，左掌立于右前臂内侧，目视前方。右手持刀，臂内旋使刀刃向右，腰向右后转，右手随腰由前向右侧后回抽，左掌附于右手腕处。（刀刃向左，向左侧回抽为左带刀）。

练习要点

1. 以腰带臂，以臂带刀，动作柔和，力点由刀身根部前移。

2. 以腰的拧转配合刀身的回带，动作连贯，用力柔和。

三十、捧刀

动作解析

捧刀一般取中，进可攻，退可防，属攻守兼备的一种刀法。练习时并步站立，右手持刀，臂外旋，肘关节稍屈，刀尖向前，刀刃向上，将刀平捧于胸前，左手托于右手下，目视前方。

练习要点

1. 螺把握住刀柄，旋臂使刀身平直。

2. 旋臂，使刀刃向上，直腕，使刀身平直。

棍术

棍术的基本技术动作是棍术技术的核心，是棍的技击运用方法和运动方法。棍法与步型、步法、手型、手法、腿法、跳跃、平衡等身体动作，构成了棍术动作。棍术动作的有机组合与连接，便构成了生动活泼、变化万千的棍术套路。

棍术的基本技术动作中主要有攻击性方法、防御性方法和过渡性方法。

攻击性方法主要包括劈、摔、抡、扫、撩等远击方法，包括击、点、崩、戳、挑、盖等近击方法。

防御性方法主要包括云、拨、格、挂、架、推、绞、舞花等。

攻击和防御有时也很难截然分开，有的棍法攻中带防，有的棍法防中有攻，常常随动作而变化。还有一些方法本身攻防用意不太明显，在由攻变防，由防而攻的变化中起不可缺少的连接过渡作用的过渡性方法，如抱、背、夹、举、穿、托、抛，挂等方法。

一、基本持棍法

在进行各种棍法动作或在一组棍术动作中的开始或结束，均有一定的持棍方法，构成各种预备势或定势、收势。常见的持棍方法有持棍、抱棍、举棍、托棍、夹棍、背棍等。

（一）持棍

两脚前后开立，两手满把正手握棍，左手在前，握于棍身中部，臂微屈，右手在后，握棍于棍把，屈肘贴近腰侧。也可单手持棍于体侧。

（二）抱棍

两脚并立，两手满把正握，同在棍身后段，棍身在体前或体侧直立。

（三）举棍

并立站立，两手正握于棍身中后段。右手在上，螺把握于棍中段，臂伸直或微屈，左手满把屈臂于右腋前，棍直立于体右侧。也可侧举于体左侧。两手满把握于棍身后段，双臂举起于头后上方，棍斜朝后上方，为后举棍。

（四）背棍

一手握棍于棍身后段，将棍斜背于身后，棍身紧贴背部，不得摇摆，为背后背棍。

（五）夹棍

两手握棍，一手在前，另一手屈肘于腋窝前，将棍身夹于腋下，棍端不得摇摆。

（六）托棍

一手捏棍，另一手向上平托，高与胸平。

二、劈棍

动作解析

劈棍属主要远距离攻击方法，主要劈击对方头、肩等部位，也可劈击前臂以击落对方手中器械。劈棍主要有半圆劈棍、抡圆劈棍和斜劈棍。练习时两脚并步站立，两手满把正握，右手握于棍身中后段，左手握于棍把处，将棍直举于体右侧，目视左前方。左脚向左跨出一大步，身体左转 90 度成左弓步，同时两手用力将棍由上向前，向下直劈，力达棍身前段和棍梢。

练习要点

1. 下劈要快速有力，但不可僵硬，右手可伴随下劈微向下滑把，使两臂微屈，上下须配合协调，步略先于棍到位。

2. 下劈时注意动作加速，把要握紧。

三、摔棍

动作解析

摔棍属远距离攻击方法，主要劈击对方头部、肩部以及前臂。当劈击落空时即顺势劈下，伴同身体全蹲仆地，转攻为守，躲闪对方横击。练习时两脚直立，两手满把正握于棍身后段，右手握于棍把处，举棍于头后上方。左脚向正前方上步，右腿屈膝全蹲，左腿平辅地面，成左仆步，同时两手握棍用力使棍由上向前，向下直劈，摔击于地面，棍身同时着地，目视棍身前端。

练习要点

1. 与劈棍基本相同，摔击地面时左手松握，以掌心按压棍身，摔击地面时棍身要平击地面，下蹲与摔棍要协同。

2. 可以先练习两腿原地全蹲，同时摔棍。

3. 落棍时注意正直，动作结束及时检查，是否靠近前脚尖处。

四、抢棍

动作解析

抢棍属主要远距离进攻法。以横击对方肋部、腰部为主。练习时两手紧靠，满把正握于棍身后段，将棍扛于右肩上，成右弓步。两手用力使棍由右经体前向左平抢，扛棍于左肩，成左弓步。

练习要点

1. 两脚开立，原地自右肩至左肩来回平抢。

2. 结合左右弓步的变化，左右平抢。

3. 留把长度适宜，抢棍要平，力达棍身前端，配合腰腿力量，使棍呼呼生风，平抢时两手注意旋腕。

4. 练习时可先做慢动作，注意腕的旋翻，逐步加速加力。

五、抢云棍

动作解析

抢为攻，云为防，攻中有防，便于连续进攻。练习时两手紧靠，满把正握于棍身后段，将棍扛于右肩上，成右弓步。两手用力使棍由右经体前向左平抢，平抢至左前方后，动作不停，棍身继续经头上绕平圆运动，动作不停，棍由体右侧继续向左平抢，扛于左肩上。

练习要点

1. 平抢与石棍要连贯，要能抢出二次平伦的声响。

2. 按动作要求，左右反复进行。

3. 在云棍时结合转身跳进行，左右反复，体现出棍打一片的特点。

六、单手抢云棍

动作解析

单手抢云棍是棍术中常用的一个动作。练习时双手满把正握棍身后段，平扛于左肩，成左弓步。两手用力由左向右平抢，左手松开，不停，右手顺势旋腕，仰身使棍在头上平绕一周，右手继续旋腕，将棍斜背于背后，成右弓步，左掌向前推手，目视左前方。

练习要点

1. 由平抡到云棍，背棍，须一气呵成。动作要干净利落。

2. 练习时可先轻轻抡棍，着重掌握云棍和背棍。

3. 仰身云棍一时难掌握，可先做侧身云棍。

七、扫棍

动作解析

扫棍属远距离攻击法，主要是横击腰部以下的腿部、踝部。

练习时两手紧靠，满把正握于棍身后段，将棍扛于右肩上，成右弓步。两手用力使棍由左向右下方平扫。

练习要点

1. 向下平扫时要配合腰力，快速有力，力达棍身前段。

2. 可结合云抡棍，即云抡一周，下扫一周，连续进行，连续向左。

3. 棍梢触地或贴近地面，扫棍要平。

八、撩棍

动作解析

撩棍属远距离攻击法，主要由下向前击打对方膝部、档部。练习时两手满把正握直立，举棍于体右上方。左脚向左前方迈出一步，成左弓步，同时两手使棍由后向下，经体右侧向前撩击，力达棍身前段。直举棍于体左上方（左手在上），出右步为左撩棍。

练习要点

1. 棍身须靠近体侧，撩出时要有力，右手可微徽随撩出向后滑把。

2. 左手注意屈肘将棍略高于地，以免碰地。

九、点棍

动作解析

点棍属远距离攻击法。主要点击对方腕部。棍术中常顺势点击至地面以制动。练习时两脚并步站立，两手满把正握，右手握于棍身中后段，左手握于棍把处，将棍直举于体右侧，日视左前方。左脚向左横出一步，两手握棍经体前上方向左侧点击至地面，右手滑把至左手处，同时左手倒把，力达棍梢。左脚向右倒插一步，同时两手握棍经体前向上、向右、向下点棍。左脚收回原位，右脚向左倒插一步，两手握棍向体左侧点棍。

练习要点

1. 点棍要轻快敏捷，前手要适当滑把。

2. 注意两手合力，以前臂和手腕用力为主，用上臂和肩带力量。下点时要加速。

十、崩棍

动作解析

崩棍属有攻有防的方法。攻时由下向上崩击对方手腕，防时可以崩击在棍身上方的器械。练习时以仆步摔棍的姿势开始，身体起立，左手直臂握棍，右手握棍，稍屈臂置于左胸前，使棍身斜向下，随之，重心右移成右横裆步，同时右手握棍把用力下按于腹前，左手滑把至棍身中段时突然握紧，两手合力使棍身前段由下向上崩起，棍身颤动，目视棍梢。

练习要点

1. 开始宜适当放松，尤注意两手最后动作的配合，用一种短促的力，有制动感。

2. 两手持棍于水平，着重体会两手配合的短劲，注意由松而紧。

3. 可由另一人做向你胸前直戳的动作，以崩棍碰击对方棍身。

十一、戳棍

动作解析

戳棍属短距离攻击法，主要以棍把（棍梢也可以）直攻对方胸、腹、肋部。此法多在双方接近时采用。练习时并步站立，双手握棍，右手握于近棍身后段，左手握于近棍身前段，将棍平持于胸前，目视右方。右脚向右方跨一步，成右弓步，同时两手用力使棍向右前方直戳，力点达棍把端。

练习要点

1. 用力短促准确，直进直出，步到棍到。

2. 练习时先慢动作，注意棍的运行路线，然后逐渐加速。

3. 注意提高戳棍的准确性，可先在练习对象上画一圆圈，将棍戳向圈内。

十二、挑棍

动作解析

挑棍属近距离攻击法。主要以棍把挑击，下可挑裆，上可挑击下颌。练习时两脚略呈前后开立，双手满把握棍，棍身斜于右后方，棍把朝下。左脚向前上一步成左弓步，同时两手使棍把由后经体侧向前、向上挑击，力达棍把。

练习要点

1. 注意两手用合力，一上一下，快速有力，上挑时须前手略滑把后再满把紧握，以增加攻击长度。

2. 练习时可先做慢动作，注意棍的运行，上挑时加速用力。

十三、盖棍

动作解析

盖棍属近距离攻击法，主要以棍把（有时也可用棍梢）击打对方头、肩、颈等部位，也可由上而下防守对方击来器械。练习时成倒插步，两手对手握棍，右手于棍身中段，左手于棍身前段，棍斜于体右侧，棍把朝下，目视棍把。左脚上一步成左弓步，同时两手使棍把一端由后向上、向前、向下劈盖。

练习要点

1. 下盖动作要快速有力，前手可略滑把以增加攻击长度，力达棍身后段和棍把，可触及地面。

2. 由上而下要打出弧线，可假设在中近距离盖打对方脑门。

十四、横击棍

动作解析

横击棍属近距离攻击法，主要以棍把击打对方耳部、肋部。练习时两脚略呈左前右后开立，双手满把握棍，棍身斜于右后方，棍把朝下对手握棍。右脚向前跨一大步，成右弓步，同时两手使棍把由后斜向上、向左横打，力达棍把。

练习要点

1. 横击前，右手略向斜下方抽棍，左手略向前段滑把，横击时，右手略向后滑把，然后握紧，以加长攻击距离。

2. 棍把须齐腰水平运行。

3. 练习时假设一攻击目标，必须击到部位，自然须滑把，加长攻击长度。

十五、绞棍

动作解析

绞棍属近距离防御法，以绞缠对方器械，接近对方，进行反击，常与戳棍、盖棍，挑棍相衔接。练习时成半弓步或弓步，满把对手握棍于棍身中段，左手近棍身前段，右手近棍身后段。外绞棍依顺时针方向绞圆，里绞棍依逆时针方向绞圆。

练习要点

1. 棍身中段要靠紧身体，绞棍时以一端为主，另一端协同，腰与两手协同配合。绕圆不宜太大，直径在 30 厘米左右。

2. 两手协调配合，棍身不能离开身体。

3. 先按动作说明以中等速度进行，掌握配合要领，逐步加速，注意柔中有刚。

十六、云棍

动作解析

云棍属防御性棍法，主要防对方由上而下的劈、盖进攻。常与拨棍连接形成云拨棍。练习时两脚开立，两手分开正握于棍身中段，将棍置于右腋下，右手近把，左手近梢，屈肘于右腋下。以右手为主，使棍把端由右向左，向后于头上方平绕，左手变钳把握棍，伴同平绕。不停。使棍把由后向右，向左平绕，棍梢把顺同方向平绕。棍梢绕至体左前方，右手握棍于左腋下。

练习要点

1. 棍在头顶上方成平圆舞动，动作要快速连贯。

2. 配合上步转身，撤步转身进行练习。

十七、拨棍

动作解析

拨棍属远距离防御性方法，主要用棍前端向两边拨开对方直线来进攻的器械，改变其进击路线。练习时两脚开立，两手分开正握于棍身中段，将棍置于右腋下，右手近把，左手近梢，屈肘于右腋下。左手满把握棍于右腋下；右手螺把握棍于棍身中段，手心朝下。以右手为主，使棍把端由前向右平移，力达棍身把端。左手在前，右手在左腋下时，通常向左平移，为左拨棍。

练习要点

1. 用力轻快平稳，顺对方击来器械贴近时外拨，幅度不宜太大。

2. 练习时可多做有配手的拨棍练习，必须贴近的瞬间拨棍。

3. 可做由拨开对手刺来枪杆的练习，不可发出器械碰撞的声音。

十八、格棍

动作解析

格棍属防御性棍法，主要以棍把或棍前端横击对方横来的器械，迫其改变方向。练习时两脚前后开立，两手分开，正握持棍于身体前方，右手握棍持于右腰侧。以前手为主，迅速向左或右平移，前手心朝里，为左右上格棍；持棍于体前，迅速提左膝，右手向前滑把，使棍把由右向左在体前下方横击，左脚向后落步，右侧腿提膝，同时右手和左手向棍把方向滑把，以棍身前段自左向右下方横击。

练习要点

1. 格棍动作要快速有力，与击来器械成垂直。

2. 练习时，可由一人假设对手持器械协助练习，直刺上方或下方，体会格击的短促用力。

十九、挂棍

动作解析

挂棍属防御性棍法，主要防守对方直向击来的器械。练习时两脚前后开立，两手分开，正握持棍于身体前方，右手握棍持于右腰侧。左脚回收半步，虚点地面，同时两手握棍使棍梢端由前向下，向后，回收于左小腿外侧，右手握棍，屈臂置于右胸前；左脚后撤一步，右脚回收半步虚点地面，同时棍把由前向下，向右后方下挂于右小腿外侧，左手握棍屈于左胸前。

练习要点

1. 棍的运行必须由前向侧后下方或侧后上方，以便截住对方刺、扫、砍、抢等技法的进攻，棍要贴身，快速有力。

2. 两手分握于棍身中段的两端，可做退步连续上挂棍，或连续下挂棍。

3. 挂棍动作不要离身太远，可由一人假设进攻，做挂棍练习。

二十、架棍

动作解析

架棍属防御性方法，主要以棍身架挡对方由上而下劈来的器械。练习时两脚前后开立，两手分开，正握持棍于身体前方，右手握棍持于右腰侧。左脚向前上半步成左弓步；同时左手向棍梢一端滑把，两手将棍向头前上方举架。

练习要点

1. 滑把与上举同时进行，动作要干脆，上架要快速有力。

2. 两手距离适中，不要太宽或太窄，棍身上举须高过头。

3. 可由两人配合进行假设性练习，以掌握好手和棍的位置。

二十一、推棍

动作解析

推棍属近距离进攻性动作，主要以棍身推撞对方躯干部位。练习时两脚前后开立，两手分开，正握持棍于身体前方，右手握棍持于右腰侧。左脚向前跨一大步，两手握棍以棍身向前推击，棍斜于体前，也可棍成水平横推。

练习要点

1. 推棍要伴同身体重心前移，两手同时用力。

2. 身体步法配合好，与推棍用力保持一致。

二十二、双手舞花棍

动作解析

双手舞花棍属防御性动作，主要用于遭受多方位攻击或对方抛出器械打来时，是套路中连接动作的重要技术。练习时两手正握于棍身中段偏于棍把的一端，棍直立于体前，两脚前后开立。左手松握，右手向右后下方抽棍，并由后向上，向前立圆绕行劈棍，左手随棍身转动成钳把握棍，棍梢伴同由上向前、向下、向右后方绕行。不停，身体左转，重心落于两脚中间，两手继续使棍把由前向下立圆绕行，下挂于左腿侧，两臂自然交叉，不停，两手继续使棍把由下向上、向前立圆绕行，左手自然转腕使棍身贴于掌心，不停，左手握棍使棍梢向上，向前立圆绕行劈棍，不停，重心前移，两手使棍梢一端继续向右腿外侧下挂，两臂自然交叉，右手成钳把握棍，两手继续使棍梢一端向后，向上，向前立圆绕行，为还原为动作。

练习要点

1. 棍梢、棍把始终伴同在相反位置上立圆绕行。一般棍把前劈后下挂于体左侧，棍梢前劈下挂于体右侧，一手前劈下挂，另一手为钳把。

2. 动作连贯、灵活，握把不要太死。

3. 两手轮替为主，一手紧握时，另一手松握。

4. 下挂时尽量靠近腿侧，前劈则向前方中正位置。

二十三、单手舞花棍

动作解析

单手舞花棍和双手舞花棍一样属防御性动作，主要用于遭受多方位攻击或对方抛出器械打来时，也是套路中连接动作的重要技术。练习时两脚前后开立，右手正手握棍于棍身中后段，使棍立于身前，棍梢端朝上。转腕使棍梢端向前、向下，经体右侧转动一周半，棍身斜于右腋下。不停，以棍把向左下挂，钳把握棍，身体伴同向左转，不停，继续使棍梢顺势绕行一周，直至恢复为预备姿势。

练习要点

1. 握棍部位要使两头运转相当，夹于腋下要转体加速，立圆要近身。

2. 练习时先慢动作单手练习，注意立圆，下挂尽量近腿侧。

3. 当棍身于腋下时，上步转身要顺势及时、不停顿，换把绕行时检查是否均以棍把一端下挂，若不对应及时调正，由慢而快，逐步熟练。

二十四、提撩舞花棍

动作解析

提撩舞花棍属远距离攻击性动作，主要在对付两个以上对手的情况下，边守边攻，乱中取胜。练习时两脚前后开立，两手正握于棍身后段，棍梢端朝上。两手屈肘用力，使棍梢端由上向后，向体右侧下方立圆绕行。不停，两手握棍顺势旋腕上提，使棍梢端继续向前、向上撩起，棍把随之移至头的左侧，不停。两手旋腕，使棍梢端顺势在体左侧绕行一周，向前撩起，棍把随之移至头的右侧。

练习要点

1. 握棍部位要恰当，棍在体侧运行要成立圆，提撩时用力，其它时应旋腕柔和，随其惯性。

2. 练习时由慢到快，逐步在向前提撩时加力，棍梢向后下落时注意贴近脚踝外侧。

二十五、穿棍（穿梭棍）

穿棍属过渡性方法，主要在攻击防御中变换把位，在棍术套格中常见，分为穿腰、穿喉、穿背。练习时两手反握于棍梢，虎口朝棍把，两脚前后开立或成左弓步。左手松握滑把，右手贴身前向右腰侧抽棍，身体伴同右转成右弓步，称为穿腰棍。若右手沿脖颈锁骨前向右穿棍称为穿喉棍。穿喉时，右手须在抽棍时变把为虎口朝棍梢端，方可穿出。若右手握于棍把端变握把，沿逆时针方向旋腕伸臂，将棍身过头，斜背于身背后，左手松握滑把，右手向左、向前用力，棍即由背后向前穿出，称为背后穿棍。

练习要点

1. 穿棍时要流畅自如，一手抽棍或前送时，另一手注意松活，便于滑把，穿棍要贴近身体。

2. 通过上步和换把，可使穿腰，穿喉、穿背三种棍法连贯起来练习。

3. 可反复练习原地的抽棍与滑把，做到穿梭自如。抽棍、送棍要适当，另一手配合控制，松紧要适宜。

二十六、抛接棍

动作解析

抛接棍属过渡性棍法，可以借此变化握棍部位，必要时也可加速向前追击。练习时两脚前后开立或成右弓步，右手单手握棍的一端。右手用力使棍前端向上翘起。随之，抛棍使棍在空中向前翻滚半周，右手接握棍的另一端。

练习要点

1. 抛棍前棍身上翘，便于在体前上空翻转，抛翻的力度与高度要掌握好，以便接棍。

2. 可连续进行抛接练习，还可结合背后穿棍右手向前抛出，左手随上步接棍。

3. 掌控好空中高度，不要太低或太高。

剑术

剑术指使用剑的方法和技巧，也是武术套路比赛中剑的演练套路的代称，被列为全国武术比赛项目。除对传统剑术进行总结提炼外，增加了各种花法、平衡、翻腾、造型等动作，使剑术有了很大发展。剑的击法有：劈、刺、点、撩、崩、截、抹、穿、挑、提、绞、扫等。剑术的特点是：轻快敏捷、潇洒、飘逸，有"剑走空灵"、"剑如飞风"之说。

一、剑的持握法

（一）持剑

两脚并步站立，左臂内旋成手心向后握住剑柄，拇指扣住内侧剑格，中指、无名指和小指扣住外侧剑格，食指伸直压住剑柄，使剑身贴靠小臂垂立于左臂后，右臂伸直贴靠右腿外侧，右手成剑指。

（二）握剑

1. 满把。手握剑柄，拇指屈压于食指第二指节上，其余四指并拢握紧剑柄，虎口贴靠剑格。

2. 螺把。手握剑柄，由小指，无名指、中指、食指依次微凸起呈螺形，拇指靠近于食指第三指节，食指第二指节贴靠剑格。

3. 钳把。以拇指、食指和虎口的扶持之劲将剑柄钳住，其余三指自然松附于剑柄。

4. 刁把。以虎口挟持劲将剑柄习牢，拇指、食指和中指自然伸扣松贴剑柄，其余两指松离剑柄。

5. 压把。由满把握住剑柄，松开无名指和小指压于剑柄后端上面，使剑身横平。

二、刺剑

动作解析

刺剑属攻击性方法，根据需要可击刺对手的身体任何部位。练习时两脚开步站立，右手握剑提于右腿外侧，剑身横平，左剑指按于左腿外侧，目视前方。右手握剑屈肘上提，经腰侧再向前直刺，臂与剑成一直线，与肩同高，虎口向上，力达剑尖，左剑指屈肘上提，附于右腕处，目视前方。

刺剑可分为立刺剑与平刺剑，剑刃朝上下为立刺剑，剑刃朝左右为平刺剑。根据刺剑的不同方位，还可分为上刺剑，下刺剑，后刺剑，探刺剑等。

练习要点

1. 出剑迅速，力达剑尖，肘要贴肋运行，不可外展，刺出剑臂成一直线，挺胸、松肩。

2. 练习时可设立一个目标，要求直臂、直腕，使剑身平直地刺向目标。

三、劈剑

动作解析

劈剑属进攻性方法，可劈击对手的头、肩部位。练习时两脚开步站立，右手握剑直臂上举，小指侧剑刃向前，剑尖向上，左剑指按于胯旁，目视前方。右手握剑由上向下直臂劈至体前，力达剑刃，与肩同高，左剑指屈肘上提，立于右肩前，目视前方。

练习要点

1. 立剑由上向下直劈，手腕停直，剑与臂成一条直线，力达剑刃。

2. 可加强手腕、手臂的力量练习，强调伸臂、直腕，使剑把贴紧前臂。

四、左右挂剑

动作解析

左右挂剑属防守性方法，用于挂开攻击来的器械。练习时两脚左右开立，略宽于肩，右手持立剑直臂平举于前方，手心朝左，左臂屈肘于胸前，剑指贴在右腋下，手心朝下。目视前方。向左挂剑臂内旋，右手腕稍屈，直臂向下，屈肘绕至体左侧，手心朝里，上体左转，使剑尖由前向下，经左腿外侧向后，向上弧形绕行。目视剑尖。向右挂剑，右手持剑臂外旋，由身体左侧向前、向下经身体右侧向后弧形摆动，使剑尖向下、向后、向上经右腿外侧继续向后弧形绕行，身体随之稍向右转，目视剑尖。

练习要点

1. 左挂剑身体左转，右挂剑身体右转。立剑并贴身弧形挂出，力达剑身前部。

2. 注意身械协调，还要注意屈腕，使剑尖上翘。

五、撩剑

动作解析

撩剑属进攻性方法，用于由下向上撩击对方。练习时两脚开步站立，右手握剑提于右腿外侧，剑身横平，左剑指按于左腿外侧，目视前方。右撩剑。右手持剑臂内旋，屈肘将剑向上弧形绕至右后上方时，臂外旋继续向下，贴身体右侧向前、向上方弧形撩出，手心朝上，臂伸直，左手剑指顺势屈肘举于左肩上方。目视剑尖。左撩剑。右臂屈肘将剑由前向上弧形绕至左后上方时，臂内旋继续向下，贴左腿外侧向前上方弧形撩出，臂伸直，同时，左手剑指经胸前顺势贴于右腋下，手心朝外。目视剑尖。

练习要点

1. 贴身、立剑、弧形撩出，力达剑身前部。

2. 右撩剑时上体稍向左转，左撩剑时上体稍右转，撩剑与转体要一致。

3. 掌握撩剑动作要领后，可结合步型、步法等进行左右连续撩剑以及转身向后做反撩剑练习。

六、云剑

动作解析

云剑属于防守性动作，用于荡开击向头部的器械。练习时两脚左右开立，略宽于肩。右手持平剑平举于身体右侧，手心朝下，左臂胸前屈肘，剑指贴于右肩处，手心朝右，目视剑尖。右手持剑臂内旋，由右向前、向左，向上，绕弧形举于右肩上方，肘微屈，使剑尖由右向前，弧形绕至身体左上侧，平剑于头顶，手心朝前，左手剑指同时收于腰左侧。目视剑身。不停，右臂在头上方做外旋动作，手腕外旋转动，使剑尖由左继续向后，向右平圆绕动，手心朝上，左手剑指不变。目视剑尖。接着，右手持剑，臂继续外旋，由右向后弧形向左平摆，臂伸直，随之内旋，上体稍左转，使剑尖由右继续向后弧形绕至身体左侧，高于肩平，剑臂成一线，左手剑指顺势附于右手腕处。目视剑尖。

练习要点

1. 云剑时要旋臂、屈肘，不要摆动过大，以手腕关节为轴。平剑经过头顶上方平绕，剑尖不可下垂，要仰头。

2. 剑在头顶上时保持直臂、活腕，以腕为轴。

七、抹剑

动作解析

抹剑属进攻性方法，抹对方胸腹以上部位。练习时左脚在前，错步站立，右手握剑直臂前平举，虎口向上，左剑指立于右臂内侧，目视前方。上体右转，同时两脚辗转成开立步，右臂内旋，手心向下，剑由前向右弧形抽回，力达小指侧剑刃，左剑指稍前伸，附于右腕处，目视前方。

练习要点

1. 以腰带臂，用力要柔和，力达剑刃。
2. 按动作要求，结合步型进行练习。

八、绞剑

动作解析

左脚在前，错步站立，右手握剑直臂前平举，虎口向上，目视前方，平剑使剑尖顺时针或逆时针方向环绕划小立圆圈。从腰部发力，经肩到臂贯至腕，力达剑刃前部。

练习要点

1. 腕松、协调、腰劲带。划立圆圈不宜过大。
2. 可一人拉住剑尖控制速度与力量使练习者体会要领。

九、架剑

动作解析

架剑属防守性方法，主要用于架挡对方击向头部的器械。练习时左脚在前，错步站立，右手握剑直臂前平举，虎口向上，左剑指立于右腕处，目视前方。上体右转，同时两脚辗转成开立步，右臂内旋，剑向头上方架起，剑身横平，手心向前，目视左斜前方。

练习要点

1. 剑身要保持横平，力点在剑身中部。

2. 可面对镜子练习，注意肘关节弯曲的程度。

十、挑剑

动作解析

挑剑属攻守兼备的方法，用于挑击对方的身体或挑开对方的器械。练习时两脚并步站立，右手握剑直臂前平举，虎口向上，左剑指立于右小臂内侧，目视前方。右手握剑直臂上挑，力达剑身前部，左臂下垂剑指向斜下，按于左胯旁，目视前方。

练习要点

1. 臂与剑成直线向上挥起，力达剑身前段。

2. 直臂、直腕，剑把紧贴前臂。

十一、点剑

动作解析

点剑属进攻性方法，点击对方的手臂使其器械脱手。练习时右脚在前，错步站立，右手握剑直臂前平举，虎口向上，左剑指立于右腕处，目视前方。右手握剑提腕，剑猛向下点，力达剑尖，目视剑尖。

练习要点

1. 出剑要迅速，立剑点击，提腕要突然，剑尖明显低于手腕，臂伸直，力达剑尖。伸臂和提腕动作要配合协调。

2. 练习时可设立一目标进行练习，体会动作要领，熟悉后结合步法、步型练习。

十二、崩剑

动作解析

崩剑属攻守兼备的方法，可崩开对方的器械或崩击对方的手臂。练习时两脚开步站立，右手握剑提于右腿外侧，剑身横平，左剑指按于左腿外侧，目视前方。右手持剑向前伸出，在臂接近伸直时，手腕下沉上屈，手心朝左，使剑峰突然向上，左手剑指顺势附于右手腕处，手心朝下。目视剑尖。

练习要点

立剑向前伸出后，迅速屈腕下沉，使剑尖向上，臂伸直，力达剑尖。

十三、截剑

动作解析

截剑属进攻性方法，主要用于截击对方的手臂部位。练习时两脚开步站立，右手握剑提于右腿外侧，剑身横平，左剑指按于左腿外侧，目视前方。向上截剑臂外旋，右手持剑将剑身斜向上伸出，剑尖斜朝上，手心朝上，左手剑指顺势附于右肘处，手心朝下，目视剑身。向下截剑臂内旋，右手持剑使剑身斜向下伸出，剑尖斜朝下，手心朝下，左手剑指顺势附于右肘处，手心朝下。目视剑身。

练习要点

必须使剑身和剑刃斜上或斜下。出剑要迅速有力，力达剑身前部，剑与臂成一线。

十四、斩剑

动作解析

斩剑属进攻性方法，用于斩对方的颈部。练习时两脚平行站立，右手握剑直臂前平举，虎口向上，左剑指立于右臂内侧，目视前方。向左斩剑臂外旋，右手持平剑向前，向左平摆，臂伸直，手心朝上，上体稍向左转，左手剑指顺势附于右手腕处，手心朝左。目视剑身。向右斩剑臂内旋，右手持平剑向右平摆，臂伸直，手心朝下，左手剑指顺势屈肘附于右肩处，手心朝右。目视剑身。

练习要点

1. 平剑横出，剑刃不得朝斜上、斜下，手腕不可屈，高度在头与肩之间，臂伸直，剑与臂成一线，力达剑身。

2. 练习手臂由微曲到伸直，结合直腕协调用力，使剑把贴靠前臂。

十五、扫剑

动作解析

扫剑属进攻性方法，用于横扫对方膝部以下部位。练习时右腿支撑下蹲，左脚尖点于右脚内侧成丁步，右手握剑直臂下截，手心向下，左剑指左斜上举，直臂，目视剑尖。身体左转，同时左脚向左开步，成右跪步，右手握剑臂外旋，手心向上，随转体剑身向前平扫，力达小指侧剑刃，高不过膝，左剑指下落，附于右腕处，目视剑尖。

练习要点

1. 剑身要平，用力轻快，力达剑刃前部。

2. 注意挥臂、甩腕, 剑刃与地面平行。

十六、剪腕花

动作解析

剪腕花属攻守兼备的方法, 用于剪击对方手腕。练习时侧身站立, 两脚分开略宽于肩, 右脚尖稍向外展。体稍右转, 臂平举持剑前伸, 手心朝左, 左臂屈肘, 剑指贴于腰左侧, 手心朝下。目向右平视。左剪腕花臂内旋, 屈腕向下肘微屈, 手心朝右, 使剑尖由上弧形向下。以手腕关节为轴, 使剑尖经身体左侧向后、向上、向前立圆绕环一周, 立剑平举于身体右侧, 即还原至预备姿势。

右剪腕花臂外旋, 屈腕向下肘微屈, 手心朝上, 使剑尖由前弧形向下。以手腕关节为轴, 使剑尖经身体右侧继续向后、向上、向前立圆绕环一周, 臂平举剑身持平, 即还原至预备姿势。

练习要点

旋臂屈肘, 以手腕关节为轴, 立剑向下贴身左右侧立圆绕环, 力达剑端。

十七、撩腕花

同剪腕花, 但方向相反。

枪术

中国武术中的枪法非常多, 枪也被称为 "百兵之王"。枪法主要以扎法为基本, 随以拦、拿, 有道是 "棍打一大片, 枪扎一条线"。

此外, 各种枪术有还有不同的技巧。例如杨家枪有 "八母" 之说, 即拿、拉、颠、捉、撸、缠、拦、还; 罗家枪则有压、打、砸、拿、滑、挑、崩、撑、擢、扎十法; 岳家枪则讲劈、抱、砸、创、抽、拦六法。正是各家这些不同的枪法, 构成了各家具有鲜明特色的套路。而从这些基本的方法上, 又产生出各种变化。不过总的来说, 各家枪法大都遵循握把不露把的守则。精妙的枪法非常不容易掌握, 需要经过刻苦的练习才能练得好。武术中有 "月棍、年刀、一辈子枪" 的说法。

一、一般握枪的方法

握枪与握棍有所不同, 通常右手握于枪把, 为后手, 左手握于枪杆中段, 为前手。枪术有句谚语 "前手如管, 后手如锁。" 意指前手要松活, 以便前后滑动, 后手要握紧于把端, 出枪至前手触及后手为止。

一般持枪方法: 双手将枪杆紧贴腰腹间, 右手置于右腰侧, 左手于前方，两臂微屈。单手持枪通常以右手紧握枪把，屈臂直立于右侧或体前方。

握枪的把法基本与棍的把法相同。虎口朝向枪头一端为阳手握法，虎口朝向枪把一端为阴手握法。四指与拇指握紧为满把，四指握枪呈螺形为螺把，以拇指与食指握枪于虎口，为钳把。松握枪杆并沿枪杆滑动，为滑把。两手调换握枪前后的部位，为换把。

一般情况下，右手满把阳手握枪把，左手随动作的变化自如上下滑动。基本枪法中主要括扎、拦、拿、劈、点、崩、挑、缠、穿、拨、绞、扫、架、摔，抛、抡、缩、撞，舞花等枪法，以及戳、挑、撩、横击等把法。

二、扎枪

动作解析

扎枪是枪的最主要、最基本攻击方法，以枪尖直刺对方身体各部。刺肩部以上为上枪，膝部以下为下枪。水平刺枪为平枪，枪杆高与胸齐为上平枪，在胸腰之间为中平枪，与腰齐为下平枪。离地二十厘米左右为低平枪。"中平枪，枪中王"练好中平枪，其它各种扎枪也就容易掌握。

练习扎枪时，两腿屈膝半蹲，成半马步，左脚尖与枪尖同方向，两手握枪，右手与枪杆紧贴腰间，左手螺把握枪杆中部，臂微屈，目视枪尖。重心前移，右腿蹬直，成左弓步，同时右手向前送枪，使枪杆沿松握左手滑动，向前方平扎，力达枪尖。

练习要点

1. 右手送枪与右腿蹬直、向左转腰用力要一致，使力传至枪尖。

2. 枪身要平直向前扎出。

3. 后手必须触及前手。

三、单手平扎枪

动作解析

当双手扎枪后，右侧又遇敌，即刻将枪折回，单手扎出，迅速攻击对方。练习时以左弓步扎枪开始，左手稍向后滑握，将枪向上、向右绕行折回，两前臂在胸前交叉，同时左脚里扣，身体右转成马步，接着，左手松开，右手握枪把向右平扎。

练习要点

1. 右臂与枪杆成一直线，力达枪尖。

2. 可结合弓步扎枪进行练习。

四、拦枪、拿枪

动作解析

拦枪、拿枪均为防御性方法。拦枪主要用于当对方持械直刺时，由里向外逆时针拦格；拿枪主要用于对方直刺时，由外向里顺时针拿压。练习时双手持枪，贴紧腰部，成半马步。以左手为主，使枪前段由里向上、向外绕行，枪尖绕一个 20 厘米直径的圆弧，为拦枪。以左手为主，使枪前段由外向上、向里、向下绕行枪尖绕一个 20 厘米直径的圆弧，为拿枪。

练习要点

1. 拦枪、拿枪要有力，配合右手与腰部的力量。

2. 绕圆弧不要太大。

五、挑枪、劈枪

动作解析

挑枪、劈枪均属攻击性方法，挑枪主要用于挑击对方腋部，挑脱其手中器械，劈枪主要用于劈击对方头部、肩部、臂部。练习时以半马步双手持枪开始，左脚撤回于右脚旁，成左丁步，同时以左手为主由前向上挑起，左丁步不变，枪身直立，举于头上方为挑枪。左脚向前跨一大步，右脚随之靠于左脚旁，成右丁步，同时以左手为主，使枪由上向下劈击，举枪时左手心向后，劈下时手心朝上为反劈枪。

练习要点

1. 左手臂不可弯曲太大，保持伸直微屈。

2. 上挑和下劈时要有力，力达枪尖和枪杆前段。

六、点枪

动作解析

点枪属攻击性方法，主要以枪尖点击对方腕部或手，破坏其进攻能力。练习时以半马步双手持枪于腰间开始，右脚上步靠于左脚旁，成右丁步，同时右手将枪向前送，左手松握滑把至枪杆后段，两手合力上抬，使枪尖突然向下点击。

练习要点

1. 送枪滑把与向下点枪，两者衔接要紧，不可分开。

2. 向下点枪短促有力，幅度不要太大。

七、崩枪

动作解析

崩枪属先攻后防方法。主要用于对方直线攻时，以崩枪打落对方的器械，或迫使改变方向。练习时以右丁步点枪开始，右脚后撤一步，重心移至右腿，成左虚步，同时左手松握，右手抽枪把于腰侧，近完成时，左手猛然握紧枪杆，以两手合力，使枪杆前段向上崩颤。

练习要点

1. 左手由握到紧握时机要掌握好。

2. 须由柔而刚，用爆发力。

八、缠枪

动作解析

缠枪属先防后攻方法。主要用于绞缠住对方器械后再做扎枪或点枪等方法的进攻。练习时两脚前后开立，双手持枪于腰间。右脚向前跨一步于左脚前方，同时左手松握，右手将枪略向前送，使右手持枪把于体前，以右手为主，左手为辅，使枪尖作立圆绕行。沿顺时针方向为顺缠，沿逆时针方向为逆缠。

练习要点

1. 两手用力要柔和，枪头和枪把绕圆不同步。

2. 左手为支点，右手为主，但左手与腰要配合右手转动，不可固定不动。

3. 绕圆高不过肩，低不过胯，约 30 厘米至 40 厘米直径。

九、穿枪（穿腰、穿喉）

动作解析

穿枪属边闪躲边攻击的方法。主要用于变换进攻方向，或出其不意攻击对方。练习时两脚左右立开，阴把握枪，右手近于枪缨，左手握于枪杆前段。右手握枪，使枪头顺腹前向右抽，左手松握滑把，重心右移成右弓步，枪撞扎于体右侧。接着，右手屈肘向左抽枪，左手松握滑把，同时成左弓步，使枪滑于左侧前方，高与肩平，不停，头部和上体后仰，右手转换为阳手握近枪缨处，随之，右手向右抽枪；左手松握滑把，使枪头穿过喉前向右侧平刺。

练习要点

1. 左手要松活，右手抽拉枪要快速自如。

2. 穿枪时要贴近所穿部位，运行走直线。

十、背后穿枪

动作解析

背后穿枪属远距离进攻的过渡性方法，可用于追击时的进攻。练习时两脚左右开立，两手持枪于腰间，目视枪尖。右手握枪屈肘使枪上抬于胸前，同时以掌心贴住把底端，内旋腕，变为阴手握把，右手继续内旋，并将枪把直臂撤向右侧方，接着，两手向上托枪，将枪杆过头，置于身背后，然后，左手松握，右手用力顶推枪把，使枪沿背后穿出，右脚上一步，以右手接住枪把。

练习要点

1. 右手旋腕动作要敏捷自如。

2. 背后穿枪宜直线运行，右手顶推力和左手摩擦力要控制适当。

十一、拨枪

动作解析

拨枪属进攻性方法，主要用于拨击膝部以下，或肩部以上，拦拨对方，为进攻排除障碍。练习时两脚开立，两手持枪于身前，枪尖斜向下，离地面 20 厘米左右。右脚经左腿后方向左插步，同时左手握枪微向枪前端滑把，右手配合用力，使枪尖向左拨动。左脚向左移一步，同时左手握枪微向枪后端滑把，右手配合用力，使枪尖向右拨动。按动作要求将枪身置于胸、腰之间的高度拨枪，为平拨枪；将枪尖稍高于头部，为上拨枪。

练习要点

1. 此枪法可在连续移动中进行。

2. 枪的拨动要轻快，平稳，幅度不要太大。

十二、云拨枪

动作解析

云拨枪属防守、进攻兼用的枪法，主要防御上方进攻后进行的反击或拦截。练习时两脚前后开立，两手持枪于腰间。身体右转，同时左手握枪向枪后端滑把，右手握枪上提与胸高，两手用力使枪由左向右平转。不停。两手继续使枪在头上方平转一周。身体随右转，右脚向前上一步，左手用力向右推拨枪杆，至右前方时用力抓握枪杆。

练习要点

1. 动作要连贯，云枪要平。

2. 平拨时要有力，使枪杆震颤。

十三、扫枪

动作解析

扫枪属攻击性方法，主要以枪头扫击对方膝、踝、脚等部位。练习时两脚开立，两手持枪，右手于腰间枪尖斜朝下，身体向右扭转，成右弓步。身体再向左转 180 度，右腿全蹲，成左仆步，同时，使枪前端由右接近地面向左平扫。

练习要点

1. 扫枪要平，不可忽高忽低。

2. 边扫左手边向前端滑把，右手向右侧拉开。

3. 动作要迅速有力。

十四、拉枪

动作解析

拉枪属过渡性枪法，主要用于劈、点枪的准备和过程。练习时两脚开立，两手持枪，右手于腰间枪尖斜朝下，身体向右扭转，成右弓步。上体向左转 90 度，左脚收于体前方成前点步，同时使枪由右向左平拉，左手松握滑把于枪身中段，右手屈肘提于右胸前。

练习要点

1. 手、脚、枪的动作要协调一致。

2. 枪杆要贴身，拉的动作不要过大。

十五、拖枪

动作解析

拖枪属主动退守的方法，多用于佯装败势，在后撤中伺机杀"回马枪"。练习时两脚开立，右手持握枪把，将枪置于体右侧，枪尖触地。右脚向左侧前方盖步，连续向左前方行步，枪尖贴地随体移动，目视枪尖。

练习要点

身体要向右侧转，目视枪尖，成撤退之势，左手置于右腋前，以随时准备握枪。

十六、托枪、架枪

动作解析

托枪、架枪属防御性的方法，主要用于托、架对方击来的器械。练习时并步或开步站立，右手持枪屈肘于胸前，左手上托枪杆中段，托平时紧握，为托枪。预备势为半马步双手持枪，右脚向右后撤半步成右弓步，同时两手持枪经面前向头上方右斜举架为架枪。

练习要点

1. 托枪时枪杆要平，枪尖要震颤有力。

2. 架枪要迅速，左手要滑把拉开。

十七、扑枪、摔枪

扑枪、摔枪属进攻性方法，主要用于劈击对方，或在降低重心变换方法时的一种过渡。练习时两手持枪立举于体左侧，成左丁步。由上向下劈枪，同时右腿全蹲、左脚出步平扑成左仆步，使枪身接近地面，为扑枪。两脚开立，两手持枪横举于头上。右手用力向右下劈，右腿屈膝成右弓步，使枪身平摔落地面为摔枪。

练习要点

1. 扑、摔均要使枪身平落。

2. 摔枪要迅速有力。

十八、立舞花枪

动作解析

立舞花枪属防御性的方法。主要是对对方攻击目标不明时，在防御中伺机进攻。练习时双手阳手握枪于枪杆中段，左手在上，枪身直立于体前右侧，两脚微前后开立，右脚略前。双手用合力使枪尖向下、向体右侧绕圆，不停，双手使枪把向体左侧下方绕行，枪尖在体右侧后方向后、向上绕行，不停，双手使枪继续在体左侧绕转一周，使枪尖又转至体向上方，顺势，双手使枪尖由上向前，向右下方绕行，双手继续使枪尖向上绕行半周。即达预备姿势。以此循环左右舞花。

练习要点

1. 右手在舞花时注意掌松握，为钳把握枪，才能使舞花灵活自如。

2. 注意向体左侧为枪把一端下挂，向体右侧为枪尖一端下挂。

3. 舞花时，枪杆要成立圆，尽量靠近身体。

十九、平舞花枪

动作解析

平舞花枪属防御性的方法，主要防御对方攻击上部，并在防守中伺机进攻。练习时两脚开立，左手持枪于左侧平举，右手从左腋下反握枪身，枪身平置在左腋下，枪尖向前。左手握枪用力向右肩上方弧形摆动，右手握枪向左前用力，两手同时用力使枪由左向右上绕弧形。不停，左手握枪继续由右肩上向后、向左平摆动，右手摆至右上方，将枪横举于头上方。顺惯性，左手握枪摆至右胸前至右腋下，向左上方摆动，使枪尖继续向后，向右弧形绕行，右手握枪继续向右平摆至右前方。

练习要点

1. 两手握枪要松活，枪身平。

2. 舞动时枪身在头顶上平圆绕动，要连续，协调。

二十、过背枪

动作解析

过背枪属过渡性动作，用以接出其不意的攻击动作。练习时双手阳手握枪中段，左手在上，枪直立于体前右侧，两脚前后开立，右脚在前。双手用力使枪尖向下、向体右侧绕立圆，接着，左手松把、右手换成阴手握枪，使枪背于背上，枪把在头左侧，不停，右手用力将枪向后上方甩起，身体微前倾，使枪从左肩上向前翻过，随即左手在身前接枪，右手握枪。

练习要点

1. 枪在绕圆时，要快速，连贯，枪身尽量靠近身体。

2. 右手发力要及时，协调，身体微前倾。

二十一、缩枪、撞枪

动作解析

缩枪，属防守性的动作，主要是避躲对方的攻击。撞枪，属进攻性的动作，在近距离攻击对方胸、腹部。练习时以半马步持枪开始，重心后移，左腿屈膝提起，同时，右手用力向后抽枪，左手直臂滑把至枪缨处，随即右手从把端向杆中滑进，枪平置于胸、腹前，为缩枪。左脚落步成左弓步，双手握枪，用力前撞，为撞枪。

练习要点

1. 右手抽枪，滑把要利索。

2. 撞枪力要达枪尖。

二十二、戳把、横击把

动作解析

戳把、横击把属近距离进攻动作，主要用枪把戳，横击对方头、胸、肋、腹等部位。练习戳把时以半马步持枪开始，左脚向右脚后撤步成叉步，同时左手握枪向右推进。右手随之向枪杆中段滑动。向右戳把为右截把，力达把端。

练习横击把时，以半马步持枪开始，左脚向右侧方迈步，同时右手握枪向后抽拉，左手顺势前滑握。接着，右脚向前上一大步，成右弓步，同时双手用力使枪把由后向前，向左横打，同时右手微向后滑把，力达枪把前段。

练习要点

1. 戳把要力达把端，用力迅猛。

2. 横击前，右手略向斜下方抽枪，左手略向前段滑把，横击时，右手略向中滑把，然后握紧，以加长进攻距离。

二十三、挑把

动作解析

挑把属近距离进攻性动作，主要以枪把挑击对方。下可挑裆，上可挑下颌。练习时前后开立步持枪，左脚在前。重心后移，左手换阴手握把于枪手中前段，右手滑握于枪身中后段，屈膝左脚提起，同时两手使枪把由后经体侧向前，向上挑出，力达把端。

练习要点

枪要靠近身体，两手一上一下用合力。

二十四、摔把

动作解析

摔把属远距离攻击方法，主要用于劈击对方头、肩等部位。练习时两脚前后开立，身体右转，右手握于枪缨处，左手背后挥枪，枪身直立贴靠身体后背。身体重心左移，成右仆步，右手握枪用力由上向下劈击，左手后侧平举。

练习要点

摔把要迅速有力，枪身要平落。

二十五、涮枪

动作解析

涮枪属远距离攻击性的方法，主要以枪尖，枪把扫击对方胸、头等部位。练习时以半马步持枪站立，右脚向前盖步，右手换阴手握把，用力向后抽枪，左手前滑。接着，左脚前上一步；同时右手用力使枪由后向前平扫，双手滑握于枪缨处，随之，身体微右转，右手向后抽枪，左手向把端滑把，双手平握枪身，不停，右脚前上一步，同时右手用力向左手处滑推，使枪平扫，接着，左脚前上一步，右手向后拉枪，左手向枪尖滑把。

练习要点

1. 枪身要平，不可忽高忽低。

2. 握把要松活自如，不要握得太死。

3. 涮枪时左手前滑把，右手向后抽拉，向前推送滑把时要有力且连贯。

二十六、抛接枪

动作解析

抛接枪属过渡性的动作，可接出其不意地攻击对方的动作。练习时右弓步站立，右手握枪把，左手后侧平举，枪身平仆于地。身体立起，右手持枪微上举，枪尖略高于手。接着，右手用力将枪把向前上方抛起，使枪身向前翻转半周，右手接枪抓握枪缨处。

练习要点

1. 抛枪立圆不得超过半周，抓接握枪要准确及时。

2. 右手抛枪用力要适度。

二十七、翻身下扎枪

翻身下扎枪属进攻性动作，目的在于攻击身后之对手。练习时左弓步持枪，右脚上前一步，两手用合力，使枪向上挑起，身体向左后转翻身，左脚向左移半步，成左弓步，同时，右手握枪用力向前下方扎出，枪尖着地，左手后侧平举。

练习要点

1. 翻转枪械与身体要协调。

2. 枪需从肩上直出，力达枪尖。

二十八、撩枪

动作解析

撩枪属远距离的攻击方法，用枪尖向前击打对方裆、膝等部位。练习时前后开立步持枪，左脚后移半步，双手滑握枪杆中段稍靠把端，用合力，使枪尖由上向后、向下经体侧向前撩击，力达枪尖前段。此为右撩枪。左撩枪方法同上，唯方向相反。

练习要点

1. 撩枪时枪运行成立圆，并尽量靠近身体。

2. 切记枪尖由下向前向上撩击。

3. 右手可微微随撩出向后滑把。

二十九、绕腿换把穿枪

动作解析

绕腿换把穿枪属过渡性动作。练习时两脚开立，双手持枪。右手用力送枪，左手滑把，握于枪把处，右手松开，接着，身体左转、右脚由右向左里合踢腿，右手从裆下接枪右脚前落。

练习要点

1. 枪要贴近腿部，动作要柔和。

2. 腰、腿随枪转动，身、步、枪要协调一致。

散打技术

实战姿势

实战姿势，就是进入对抗前的准备姿势。它的好坏直接影响到进攻与防守的有效程度，因此初学者必须掌握好规范的实战姿势，以便于为进一步学习散打基本技术打好坚实的基础。

一、动作要领

（一）侧身，两脚前后自然开立，为了便于学习可在地上画一大十字。左脚落在十字两线交点向左下角引出的一条45度的连线上，前脚掌着地，脚尖内扣约45度；右脚在后，距左脚略比肩宽的距离，前脚掌着地，脚尖指向前方，两膝微屈，两脚前后不能站在一条直线上，左右相距10—15厘米。重心放在两腿中间。

（二）两手握拳，屈肘置于胸前，左臂在前，屈肘角度约为120度左右，肘尖下垂，左拳心朝斜下方，高与下颌平，右手在后，屈肘角度一般应小于90度，右拳心朝内放在右下颌处。用以保护头部，肘尖自然下垂以保护肋部。

（三）上体微微含胸，收腹，张背，头部略低，收下颌，眼睛通过左拳平视前方。

二、基本要求

（一）步法灵活

实战中，运动员要不断地根据双方的攻防变化，在不同的时机、距离、条件下迅速地转移步法和变换姿势，基本姿势的重心放在两腿之间，这样不论做前后左右的移动都是等长距离，身体始终处于待发状态，以增加移动的灵活性和启动的突然性。

（二）把握进攻时机

实战时，运动员必须准确的把握时机，而时机的把握除要靠运动员的反应、技术的运用外，还应有一个正确的基本姿势，主要体现在使用技术时能把身体迅速调整到适应进攻的状态，从而达到使用进攻动作时突然、快速、有力的目的。

（三）便于防守

实战姿势在进攻的同时必须有利于防守，首先是身体暴露给对方的面积要小，其次是防守面要大，正确的基本姿势能够有效地保护好自身所需防守的各个部位，在防守时会表现出最佳的能力和效果，并能及时处理由守转攻的过渡关系。

基本步法

散打运动中脚步的步法，是取胜的主要因素。步法的合理移动，不仅可以保持运动中身体的平衡和控制敌我双方的有效距离，而且还对实施进攻以及防守反击起到了桥梁的作用。步法是散打技术运用的基础，还是构成单个技术动作的基本要素，"步不稳则拳乱"就充分的说明了步法的重要性。

一、常用步法

（一）进步

从基本姿势开始，上体保持不变，后脚（右脚）蹬地，前脚（左脚）向前进半步，后脚（右脚）前脚掌迅速距离地面向前跟半步。（半步的距离一般为30厘米左右）做完后又恢复到原来的基本姿势。进步的距离不可过长，后脚跟进后基本姿势不变，进步与跟步的节奏越快越好。

（二）退步

从基本姿势开始，上体保持原有动作不变，前脚（左脚）蹬地，后脚（右）向后退半步（30厘米左右），前脚（左脚）随即向后退半步（同样的距离），动作完成后仍恢复到原来姿势。退步的幅度不宜过大，两脚要保持平行以维持身体的平衡。

（三）闪步

分为左、右闪步，主要是一种为了躲闪对手的正面进攻，并且有利于防守反击。

左闪步：从基本姿势开始，上体保持不变，左脚向左侧横跨半步（20厘米—30厘米左右），右脚迅速蹬离地面向左跨步，身体转动角度在45°左右，动作完成后恢复到基本姿势。

右闪步：从基本姿势开始，上体保持原来姿势，后脚（右脚）向右方横跨半步（20厘米—30厘米左右），随即以髋带动前脚（左脚）向右横跨，身体转动角度在60°—90°之间，动作完成后成基本姿势。做闪步移动时应注意避免身体重心的前俯现象，要靠髋部的力量带动脚步的移动，身体一定要用脚步的移动协调配合，不可僵滞。

（四）垫步

垫步大体分为两种，一种是垫一步，一种是在上一步的基础上再跟垫一步。垫步一般直接用于配合腿的进攻动作。

垫步从预备姿势开始，重心前移，后脚蹬地向前脚内侧并拢，随即前腿屈膝提起，根据情况使用蹬、踹腿法。在用腿法的同时，支撑腿随蹬（踹）腿向前再垫出一步，脚跟斜向前。垫步时要求后脚向前脚并拢要快，前腿提起的动作与后脚的并拢的动作不脱节、不停顿。配合出腿的垫要与腿法同时完成，但要注意垫步时不能腾空，为加大力度和充分伸展，踹出后的支撑腿脚后跟必须斜向前方。

（五）交换步

交换步是左右架交换时的一种步法，多见于左右架交替打法的运动员使用。

交换步从预备姿势开始，前后脚同时蹬地稍离地面，在空中左右腿前后交换，转体120°左右，同时两臂也做前后体位的交换，完成动作后成与原来相反的预备姿势。转换时要以髋部力量快速带动两腿，同时身体不能腾空过高。右脚蹬地后向前跨跃一大步，左脚随即再向前上一大步，身体还原成实战姿势。

二、技术要求

灵活而敏捷的步法，不仅是调整重心和维持身体平衡的关键，更主要的它还是进攻和防守中占据有利位置和发挥最优攻势的基础。步法的快慢，移动距离的大小，直接影响着攻防的效果，因此步法的技术掌握学习及练习尤为重要。

（一）活

步法的移动和更换要灵活敏捷，做到轻松自如，虚实难辨，让对手摸不清自己重心更换的规律，给对手造成判断上的困难。步法活，腿部力量是基础，膝关节和踝关节的弹性要好。预备姿势站立时，两脚之间的距离不可太宽或太窄，身体重心不宜过低。实战中，两脚要始终处于动中，避免静止不动。

（二）快

步法移动的速度要快，手到脚到。运动员双方在交战时都处于对峙的状态之中，互相保持一定的距离，任何一方要发动进攻，就必须以快速的步法逼进对方，在有效的距离内施以方法，这样进攻才能奏效。同样，当对方进攻或反击时，还要能够以迅速的步法撤出，回撤或躲闪，这样防守才能成功。

（三）稳

步法移动要保持稳定性。拳谚说"步不稳则拳乱"，"拳如流星"，都充分表明了实战中步法稳定性的重要意义。然而，在实战过程当中，难免出现单腿支撑，重心前压或后座的身体状态。如何才能使步法稳呢？首先，在步法移动时，尽量避免两腿处于交叉状态，尽可能使身体处于力学的稳定状态；其次，在使用动作时，重心向下的垂直投影尽可能放在两腿中间，或不要超出支撑面过多。例如：有些运动员打拳时用力过猛，致使重心过度前移，如对方此时攻击，前腿则容易产生失衡。另外，有的运动员在使用腿法时过分追求高度而造成支撑脚站立不稳，如对方使用掀、托等法时便会倒地，这些都是步法不稳的表现。

（四）准

这是指步法移动的准确性。准确地移动步法，能为进攻、防守或防守反击赢得时间和创造有利时机，减少动作的盲目性。进攻时步法移动不到位，则不能产生最佳效果，同时还影响二次进攻和积极回防；防守时步法的移动不到位，则会导致被击中或不利于反击。把握步法移动的准确性，主要取决于运动员的时空感觉能力，这种能力的获得有赖于长期的训练实践和不断的摸索总结。

进攻技术

一、拳法技术

（一）直拳

直拳属直线性攻击方法。一般分为前手直拳和后手直拳两种。着力点为拳面，攻击部位主要是对方头部和胸腹部。拳属中近距离攻击的主要手段。由于其速度快、力度大，是给对手造成重创的主要手段，因此在比赛中的使用频率较高。

1. 前手直拳

从预备姿势开始，后脚蹬地，身体随即内转25°，同时重心前移，前脚掌向内辗转。在转体的同时，由肩带动前手臂向前快速冲击，力达拳面。手臂自然伸直，后手保持原有的姿势不变，在击打动作完成后，按原来的动作路线迅速收回到的预备姿势。练习前手直拳时，出拳应以腰部发力，切勿只靠臂的力量出现敲打的现象。上体不可过分前倾，以防重心压于前腿。直去直回，快打快收，就好像弹簧一样。

2. 后手直拳

从预备姿势开始，后脚前脚掌蹬地内扣，然后拧腰顺肩，上体左转，后拳向正前方直线击出，力达拳面。前手拳则收回于下额前方，肘部自然下重于肋部。完成动作后，后手迅速回收到原来的位置成预备姿势。在练习后手直拳时，后脚蹬地后，上体要随之转体，以保证力的顺达。后脚蹬地内扣后，注意两脚前后不要放在一条线上，以保证身体重心的稳定。

（二）掼拳

掼拳是一种弧线性拳法，是一种横向击打的进攻方法。分为前手掼拳和后手掼拳两种。在相互的连续击打中使用率较高，由于其动作幅度大且运行路线长，因此打击力度大，但同时动作预兆也大，隐蔽性较差，易被对方察觉。

1. 前手掼拳

从预备姿势开始，后脚蹬地，身体随即内转30°左右，前脚掌向内辗转，重心前移，同时，前手臂翻肘前送，前手拳由侧方向内横击，大小臂之间的夹角应形成固定角度，当前脚掌向内辗转后迅速制动，由制动的惯性使肩部回收而产生合力，而此时手臂有向前向内运动，最终因转腰制动的合力而制动，从而形成掼拳的力量，动作完成后，出拳臂放松仍按原来的动作路线恢复到预备姿势。掼拳击打时，拳应达到身体中心线处，及掼拳发力时，翻肘的高度应同肩齐高。

2. 后手掼拳

从预备姿势开始，后脚的脚前掌蹬地内扣，带动转腰，同时上体转动，重心前移。后手臂抬起与肩齐平，拳向侧，向前伸展，大小臂之间形成固定的夹角，前手臂自然垂于肋间，拳置于下额处，随着腰部的转动，后手臂由惯性向前、向内横向击打，发力机制同前手掼拳。以后手掼拳击打时，右脚内扣，合胯转腰与掼拳发力的动作要协调一致。大小臂之间的夹角应根据打击的距离来调整确定。

（三）抄拳

抄拳在散打技术中属近距离攻击的拳法，分为前手抄拳和后手抄拳两种。主要运用于双方对抗时或缠抱时，一般可单独使用，亦可用其他拳法配合使用。在比赛中使率较低，但其动作幅度小，击打力度大，因此往往会在比赛中起到意想不到的效果。

1. 前手抄拳

从预备姿势开始，上体微向外转动，重心略下沉，前手臂收回贴于左肋部，前手拳自然置于面部侧下方，重心略偏左腿，后脚蹬地，左胯部向内并向上挺出，前手拳随着挺胯的动作向前上方击出，大小臂之间的夹角应为90°—120°之间。拳心向内，力达拳面。发力时当挺胯后亦即前膝基本伸直时迅速制动，随之击出拳也制动，产生短促发力。完成动作之后，肩部放松恢复到原来姿势。使用前手抄拳，出拳时肩部要放松，不能耸肩，抄拳发力时，腰部向内转动，发力要短促，要充分利用好重心下沉后前脚蹬地，扭转的反作用力。

2. 后手抄拳

从预备姿势开始，身体略向后转动，重心略下沉，后脚蹬地挺胯后上体向上向外转体，随之后臂从贴住肋部到后手拳向前上方击出，大小臂之间的夹角应在90°—120°之间，拳心向内，边达拳面。发力机制：随着挺胯后的制动，出拳臂也随之制动，产生短促发力，动作完成后肩部放松，恢复到原来姿势。使用后手抄拳，发力时由下朝上，动作要连贯，力要顺达。动作完成后注意肩部应迅速放松，否则导致动作僵硬，不利于组合拳或连击。

（四）鞭拳

鞭拳是一种弧线性拳法，一般分为原地跳转鞭拳、退步右转身右鞭拳和上步左转身左鞭拳三种。这种拳法在比赛中使用较低，但由于其动作幅度大，打击的力度大，往往在比赛中会起到出奇制胜的效果。但此种拳法一般为结合步法加转身的动作，因此有一定的技术难度。在此只介绍"插步转身右鞭拳"这种技术。

插步转身右鞭拳从预备姿势开始，右脚向前上步经左腿后插步，身体向右转身180°，同时两手臂收回至胸前，动作不停，上体继续右转90°，同时右拳反臂向右侧横向鞭打，拳眼朝上，力达拳背。使用鞭拳击打时，转体要快，以头领先，动作要连贯，重心要稳。

（五）组合拳

组合拳技术是建立在单个拳法技术基础上的，也叫"连击拳"。即在比赛或实战训练中对单个拳法合理的组合，结合步法，在进攻中连续不断的使用，使对方防不胜防，从心理上给对手造成一定压力。常见的几种拳法组合有：

1. 前直拳、后直拳
2. 前直拳、后直拳、前直拳
3. 左右直拳、前掼拳
4. 前直拳、后掼拳、前抄拳
5. 前直拳、后转身右鞭拳
6. 前掼拳、后掼拳、前抄拳

二、腿法技术

（一）正蹬腿

正蹬腿属直线性攻击腿法，一般分前腿正蹬和后腿正蹬两种技术，主要用于直接进攻或缠抱、相互击打时作为摆脱对方的一种手段。另外，这种腿法还可以用来作为攻击对方腿法或破解对方弧线性腿法的方法来使用。此技在比赛中使用频率较高。

1. 前腿正蹬

从预备姿势开始，重心后移，前脚屈膝提起，脚尖勾起，上动不停，送胯，以脚后跟领先向正前方蹬出，力达脚跟，也可脚前拿下压，力达前脚掌，同时两手臂微下落或收回置于头部两倒，两臂自然下垂护住两肋。

2. 后脚正蹬

从预备姿势开始，后脚蹬离地面，身体重心前移，前脚直立或微屈，后脚随即向正前方屈膝提起，两臂同时下落回收，上动不停，后腿送跨，以脚跟领先向前蹬出，力达脚跟，也可脚前掌下压，力达脚前掌。使用后脚正蹬，屈膝上提时膝关节要高出自己的腰部，尽量往胸前靠，完成动作要协调连贯，送胯伸膝蹬脚时要用爆发力。

（二）侧踹腿

侧踹腿是一种屈伸性的直线性攻击腿法，可分为前腿侧踹、后腿侧踹和转身后踹三种，每一种又可分中、高、低三类。由于侧踹腿进攻性强，攻击面大而且点多，速度快，力量大，可在中远距离直接攻击对方的头部、胸腹部、肋部和下肢等，也可结合多种步法进行攻击，因而被广泛运用于进攻、防守或防守反击之中。这是一种在比赛中使用频率较高的腿法。

1. 前脚侧踹

从预备姿势开始，重心稍后移，前腿屈膝提至胸前。上动不停，小腿外摆，膝部下压，脚尖勾起并向外翻出；上动不停，身体向侧后方倒身，同时迅速展髋伸膝向前方端击，横脚，力达全脚掌。踹腿发力的同时，支撑腿的脚尖外展，踹腿时，两手臂配合动作，左手放于脸前护住头面部及肋部，前手臂自然随端腿的动作向侧后方摆放在攻击腿的侧方。目视踹腿的方向。使用前脚侧踹击打时，提膝、翻髋、踹击三个动作要一气呵成，动作要连贯。

2. 后腿侧踹

从预备姿势开始，前脚尖外展，后脚蹬离地面，重心前移，上体左转，后腿迅速提膝至胸前，上动不停，小腿外翻，膝部下压，脚尖勾起并向外翻脚；上动不停，支撑脚脚前掌转动使脚后跟朝前，上体侧身，前手拳至于下颌处，后手摆至攻击腿侧后上方，然后展髋伸膝，向正前方踹出，力达全脚掌。动作完成手，屈膝收回攻击腿，恢复到原来姿势。使用后腿侧踹进攻，踹腿时，上体、大小腿要成一条直线，不能低头收髋。

（三）鞭腿

鞭腿又称侧弹腿，是一种屈伸与横摆相结合的弧线性腿法，一般分为前鞭腿和后鞭腿两种，又分低、中、高三类动作。由于鞭腿具有出腿、收腿速度快，力量大，杀伤力强，灵活性好，能连续出击等特点，因此，在比赛场上往往被视为得分的主要武器。鞭腿在实战中主要用于侧面进攻，可根据实际情况攻击对方的头部、胸腹部、背部、肋部以及大、小腿。

1. 前鞭腿

从预备姿势开始，重心稍后移，前腿应屈膝提起，膝关节正对前方，上动不停，支撑腿以前脚掌为轴略向右转，上体随脚部的转动向右后侧倒，同时翻胯，随之以膝关节为轴，小腿迅速用力弹出，脚面绷直，力达脚背。同时前手臂下落至攻击腿的侧上方，后手置于下颌处，动作完成后，小腿迅速按原来的动作路线收回，然后恢复到预备姿势。

2. 后鞭腿

从预备资料开始，重心前移至左腿，后腿屈膝提起，膝关节正对前方，同时以左脚前掌为轴向左转，身体则随之向左后侧倾，然后翻胯，以膝关节为轴小腿向左侧用力弹击，力达脚背，同时后手下落至后腿的侧上方，前手置于下颌处。动作完成后，攻击腿的小腿迅速按原来的动作路线回收，然后恢复到预备姿势。

注意提膝、翻胯、弹击三个动作要一气呵成，完成动作要协调连贯。

使用前鞭腿和后鞭腿，鞭腿发力时注意挺膝，甩小腿，就好像鞭子抽击物体一样。"鞭打"动作要明显。屈膝上提时大小腿之间的角度可以根据击打位置的高低而定。

（四）勾踢腿

勾踢腿是一种弧线性腿法，可分为前腿勾踢和后腿勾踢两种。由于其技术使用难度大，比赛中很难捕捉战机，因此勾踢腿在比赛中的使用频率较低，但其攻击的突然性，往往会起到出奇制胜的作用。现在散打规则规定使用勾踢腿将对方击倒而自己站立者得 4 分，属于高分值动作。勾踢腿主要攻击对方的重心腿使其倒地，一般结合步法进行。

1. 前腿勾踢

从预备姿势开始，右脚向右前方上一步，同时右腿屈膝弯曲，上体右转，收腹合胯，带动左腿向前向右弧线擦地勾踢。随即左腿继续向右摆动至提膝于胸前，勾脚尖，力达脚背与小腿连接处，勾踢时左手随身体动作下摆至胸前，右手不动于下颌处，完成动作后迅速恢复到预备姿势。

2. 后腿勾踢

从预备姿势开始，左脚向左侧前方跨一步，同时左腿弯曲，膝关节外展，身体随之左转 90 度。以后动作与前腿勾踢相同，方向相反使用前后腿勾踢进攻，勾踢时应有加速度，力点要准确，保持身体平衡。

（五）扫腿

扫腿是一种低位的弧线性攻击腿法，分为前扫腿和后扫腿两种。这种腿法运用时一般运动员先主动倒地然后再做动作。散打规则规定运用主动倒地的方法将对方击倒而自己即刻站立的得 4 分，属高分值动作。扫腿主要用于对方起腿进攻时或打拳强攻时，突然下潜扫击对方的支撑腿。但其技术难度大，比赛中的使用频率较低。

1. 前扫腿

从预备姿势开始，上体向左拧腰下潜，前腿顺势屈膝倒地，以小腿及大腿外则着地，同时两手臂分别以小臂内侧拍地缓冲，俯身侧倒后，后腿从身后向前、向左横向扫击。扫腿时，脚离地 10 厘米—15 厘米高，脚背绷直，以脚背为着力点。完成动作后，顺势迅速站立，恢复到预备姿势。使用前扫腿攻击，下潜倒地时动作要连贯，以身体的转动来带动扫腿，要注意应在身体的正前方向加速发力，脚面要绷直，结合鞭腿的动作进行。

2. 后扫腿

从预备姿势开始，以前脚掌为轴向内拧转，身体顺势拧腰右转 90°，上动不停，左腿屈膝下潜倒地，以小腿、膝关节及大腿外侧着地，同时两手臂以小臂内侧着地俯在身体前方，后腿大致伸直，右腿伸直向侧后方弧形扫击，脚部距离地面 10 厘米—15 厘米，力达脚后跟。完成动作后，顺势两手推地站起，恢复到预备姿势。使用后扫腿攻击，下潜倒地转体时，要以头部领先，动作要协调连贯；扫腿时，接近身体中线的区域加速发力，力达脚后跟及跟腱处，在平时的练习中要养成扫腿后顺势迅速站立的习惯。

（六）转身后摆腿

转身后摆腿是一种横向击打的弧线性腿法，一般分为前转身后摆腿和后转身后摆腿两种。这种腿法运行路线长，动作力量大，杀伤力强。散打规则规定使用转身后摆腿击中对方的躯干部位而自己站立者得 4 分，属高分值动作。但这项腿法技术难度较大，比赛中使用频率低，一般是在直线进攻难以奏效时，突然改变路线，使用该类腿法亦能使对方防不胜防。运用时往往还配合假动作做掩护，或在快速的攻中反击时运用。如果动作能做到果断、敏捷、快速，则可出其不意，攻其不备。

1. 前转身后摆腿

从预备姿势开始，重心前移，后脚向前上步至前脚前方，脚尖内扣，身体向左后转体重心移至上步脚；上动不停，以上步脚的前脚掌为轴，向左后转体 180 度，随着转体的动作上体向左侧倾倒，同时提起左腿向身体侧前方伸腿，然后向左、向上横摆，脚面绷直，力达脚全掌或脚后跟。完成动作后，收腿到反架的预备姿势。

2. 后转身后摆腿

从预备姿势开始，前脚内扣，重心前移，以前脚掌为轴身体朝右后转体 180 度。随着转体的动作后腿向前展胯伸直，至中心线区域时小腿加速横摆，脚面绷直，力达脚全掌或脚后跟。完成动作后，收腿回到原来的预备姿势。使用后转身摆腿攻击，转身时以头领先，并借其惯性，出腿、摆腿动作要协调连贯；转身后摆出腿先朝前展胯伸腿至体位的中心线区域，然后大腿后侧发力，屈膝收小腿向后摆动时如鞭打动作。

（七）腾空腿法

腾空的攻击性腿法自古以来就是传统武技中的优秀技法，散打规则规定使用腾空腿法击中对方的身干部位而自己站立者得4分，属高分值动作，其技术难度系数高，比赛中不易捕捉战机，因此比赛中很少有运动员采用。若使用不当，很容易被对方反击。一般在对手连续退防或对方水平较低时使用此腿法。

腾空侧端从预备姿势开始，后脚上前上步并迅速蹬离地面，同时前腿屈膝至胸前，当身体达最高点时，上体后仰，前腿迅速挺膝送髋，向正前方端击，脚尖勾起，力达脚跟或全脚掌。完成动作后右脚积极着地，迅速恢复到基本姿势。使用腾空侧端时，身体腾空后侧端腿要快速有力，动作要协调；还要注意腾空的高度要根据对手所处的位置而定，一般不可跳过高。

（八）组合腿法

组合腿法是连续运用各种单个腿法技术进攻的一种技术方法。在比赛或实战训练中，可按打击规律合理的组合各种腿法技术，并结合步法在进攻中连续使用。常见的几种腿法组合有：

1. 前正蹬、后鞭腿
2. 前正蹬、前侧端
3. 前低鞭腿、后中鞭腿
4. 后腿鞭腿、前转身后摆腿
5. 前低鞭腿、前侧端、后鞭腿
6. 前侧端、后正端、前低鞭腿
7. 连续侧端腿、侧端腿
8. 前勾踢、前侧端、后鞭腿

（九）拳腿组合

拳腿组合，即利用单个的拳法与腿法或利用拳法组合与腿法组合，根据动作转换的合理性和在实践中的可行性，而组合编排的组合技术。一般应遵循上下结合、左右结合、横直结合的原则进行组合。常用的拳腿组合有：

1. 前低鞭腿、后直拳
2. 前直拳、后掼拳、前低鞭腿
3. 前直拳、前侧端、后低鞭腿
4. 前正蹬、前直拳、后直拳、后低鞭腿

三、倒地技术

在散打比赛和实战训练中，经常会出现倒地的动作，因此练习者必须掌握合理的倒地技术和增强抗震的能力。要想摔人，先学挨摔。倒地跌法练习是习练者学习散打摔法技术的基础，是在比赛和实战训练中合理有效使用摔法技术的前提条件。散打中的倒地跌法是一种用于应变的防护性措施，是保护自己的手段。在比赛和实战训练中，不管是被摔倒或是摔倒对方，自己都要有一个"如何自我安全倒地"以及"保护对方"的概念。倒地时，应注意身体接触地面积要大。用手撑地时，手肘向里屈肘。在倒地的一瞬间要憋气，全身紧张用力，以防止内脏受到震动。这里主要介绍几种常用的倒地方法，如前倒、后倒、抢背等。

（一）前倒

并步站立，身体向前倒，在即将倒地的瞬间迅速屈肘外旋，手指自然张开，以两手及小臂内侧面拍地面，起到缓冲的作用。同时收腹、紧腰、含胸、抬头，身体保持紧张状态。

（二）后倒

并步站立，身体向后倾倒，两臂在体侧弯曲，向外张开，掌心朝下，收腹、含胸、低头收下颌。着地时两手臂内侧拍地缓冲。同时肩背部着地，随之一腿上抬，另一腿屈膝撑地，脚跟提起，胯部上顶仰卧于地面；亦可屈膝蹬地，做腾空后倒。

（三）抢背（左侧）

从预备姿势开始，上体向前倾倒，同时低头、含胸、左臂屈肘横向着地。以左肩、背部依次着地前滚，右腿随之向后上摆起，团身滚动360°，两腿屈膝迅速站起，滚动过程中要求低头、含胸、收腹。

（四）抢背摔（左侧）

从预备姿势开始，身体向左侧前方倾倒，左手臂横肘撑地右手随之屈肘撑地，两掌尖相对。低头、含胸以左侧肩部先着地，团身滚翻一周后，右手臂内侧积极拍地缓冲，右腿伸直，胯部上顶，左腿弯曲置于体后侧，左手臂屈肘置于头部上方，做护头的动作。

（五）团身后滚翻

并步站立，两腿屈膝全蹲，两手在体前撑地，臀部着地后上体继续后仰倒地，以背部、肩部、头部依次着地，身体团身向后翻滚，两手掌随之向后撑地，身体滚动360°后，上体抬起，两臂撑起快速站立。

（六）前翻摔

并步站立，右腿上半步蹬地起跳，左腿向右上方撩摆，身体向前空翻一周，落地时两臂屈肘以手臂内侧拍地缓冲，肩背部着地，两腿屈膝以脚前掌撑地。

（七）盘腿跌（左侧）

开步站立，右脚蹬离地面，身体腾空，在空中身体向左侧倾斜，左腿屈膝盘起，右腿摆向右侧，同时两手臂从左侧由下向上，向右摆起，左腿同时也向右摆起。右脚随之下落在左腿上方盘跌，以左腿外侧和两臂内侧着地，两臂弯曲放在身体左侧。

四、摔法技术

摔法技术是组成现代散打运动的主要技术之一。在现代散打比赛中，成功的摔法不仅是得分的有效手段，而且还能给对方造成很大的精神压力，因此摔法技术是学生及运动员必须认真掌握的技术。但散打运动中的摔法不同于其他项目中的摔法，其最主要的一个特点就是"快摔"，规则规定：抱缠超过 2 秒后，裁判喊停。意思就是，提供给摔法的使用时间只有 2 秒钟；另外一个特点是，摔法可结合拳法、腿法使用。这些都无形中加大了散打摔法的难度，因此必须要求练习者，一方面使用的方法技术要实用、简单，另一方面对所采用的动作技术必须达到应用自如的程度。结合散打摔法的特点，我们将散打摔法技术分为主动抢摔和接腿快摔这两大类。

（一）主动抢摔

1. 过背摔

（1）夹颈过背摔

甲乙对战双方从实战姿势开始，甲以左直拳进攻乙头部，乙用右小臂格档甲左拳，右手顺势抓握甲左手；随即上步至甲右腿前并向右转体，左腿移步至乙左腿前，左右脚平行开立，两膝微屈，同时左臂从左到右搂夹对手颈部，左侧臀部抵顶住甲腹部。动作不停，随即两腿蹬直，身体向右侧拧转并侧倒；同时左臂向右下夹拧对方颈部。右手向右后方拉夹甲左臂，以臀部为支点将甲身体顶起从背后向下摔倒。使用此项技术时，夹颈要牢固，背步转身速度要快，低头蹬腿，弯腰要协调有力。

（2）插肩过背摔

甲乙对战双方从实战姿势开始，甲用右直拳击乙头部，乙迅速向前上步并向左闪身，左臂从甲右腋下穿过，背右步至与左脚平行，两腿屈膝；同时右手抓拉甲右前臂，两腿蹬直发力，向下弓腰、低头、变脸，上臂插抱甲在腋下将其摔倒。使用这一技术时，闪身要快，背步与转身协调一致。低头、弯腰、变脸、蹬腿要有力。

（3）抱腰过背摔

甲乙对战双方从实战姿势开始，甲用右直拳击乙头部，乙向前上半步，同时右闪身，左臂从甲右臂上穿过，左手抱住甲的腰部，右手拍挡甲左手，背右步屈膝后蹬腿伸直，向下弓腰、低头将甲摔倒。使用这一技术时，闪身要快，抱腰紧，弓腰、蹬腿要协调有力。

2. 过胸摔

（1）抱腰过胸摔

甲乙对战双方从实战姿势开始，甲用右直拳击乙的头部，乙向前上步同时右闪身，两臂迅速抱住甲腰部。右腿屈膝上步，随即向后仰头挺腰，双手将甲抱起，动作不停，身体保持向后仰头挺腰状态向地面倒去，在头部距地面50厘米时迅速左转体，将甲摔于身下。使用此项技术时，抱腰要紧、仰头、挺腰、蹬腿协调用力，转体翻腰要及时。

（2）抱腿过胸摔

甲乙对战双方从实战姿势开始，甲用右直拳击乙头部，乙迅速上右步，屈腰、弓腰用双手抱甲的双腿，随即重心前移，蹬腿挺身将甲抱起后，向后仰头，后倒，将过胸后摔于身后。使用此项技术时，抱腿要紧，发力要连贯。

3. 抱腿摔

（1）抱双腿前顶

甲乙对战双方从实战姿势开始，甲出直拳击乙头部，乙迅速近身下潜，两手抱甲双腿，同时两手用力回拉，以左肩顶住甲的大腿根或腹部。使用这项技术时，下潜要快，抱腿要紧，两手后拉与肩顶要协调一致。

（2）抱双腿后摔

甲乙对战双方从实战姿势开始，甲出直拳击乙头部，乙迅速近身下潜，两手抱甲双腿，但甲双手反抱乙背部，同时双腿后撤对抗，乙迅速重心下降，两腿全蹲，以头部为支点，紧顶对方胸部，仰头，挺胯将对方摔到身后。使用这项技术时，要充分借用对手重心的前移，以头部为顶点，发力要迅速。

（3）抱单腿别摔

甲乙对战双方从实战姿势开始，甲用直拳击乙头部，乙迅速进左步下潜，同时两手抱住乙左腿腘窝处；上动不停，乙将左腿向甲右腿后侧插别，同时身体右转，双手向右后拉拽，拧腰将甲摔倒。使用这项技术时，下潜要快、抱腿要紧，别腿后拉、转腰要协调用力。

（4）抱单腿压摔

甲乙对战双方从实战姿势开始，甲用直拳击乙头部，乙迅速进左步下潜，同时两手抱住乙腿部腘窝处，同时用肩胸部顶压在甲左大腿上，随即乙右腿向左后撤步，两手抱腿向回带拉，拧腰变脸，将甲摔倒。使用这项技术时，右步后撤，带拉对方腿，肩部的顶压，拧腰变脸要协调一致。

（5）抱单腿手别

甲乙对战双方从实战姿势开始，甲用左拳击乙头部，乙迅速进左步下潜。用右手抱住乙右腿腘窝处，左手插入甲右腿膝后部，同时身体向右侧转体，左臂内旋，拧腰变脸，将甲摔倒。使用这项技术时，转体拧腰与左手臂内旋要同时完成，协调用力。

（6）抱腿靠摔

甲乙对战双方从实战姿势开始，甲直拳击乙头部，乙下潜躲闪后迅速向甲右腿外侧上步别腿，同时重心下降，以左手臂向甲两腿间插入抱住甲左腿膝关节处，上动不停，随即乙上体左倾并以头部顶住对方胸腹部向后仰身，将甲摔倒。使用这项技术时，上步要快，主动侧倒，以头为支点发力。

4. 缠摔

（1）折腰搂腿摔

甲乙对战双方从实战姿势开始，从甲乙方搂抱开始，乙用两臂抱住甲腰部，屈抬大腿，小腿由前向后搂住甲左小腿后侧；同时两手抱紧甲的腰部，上体前压甲胸，使甲向后倒地。使用这项技术时，搂抱要紧，搂腿、压胸协调有力。

（2）靠胸前切摔

甲乙对战双方从实战姿势开始，从甲乙双方相互搂抱开始，乙右脚向前上半步，随即左脚向甲左腿后插步别住甲左腿，左臂由甲右肩上穿过，夹抱甲的颈部，上体前俯下压甲胸部，将甲摔倒。使用这项技术时，上步插腿要快，靠胸动作要发力。

（二）接腿快摔

1. 接直线性腿法摔

（1）接腿涮摔

甲乙对战双方从实战姿势开始，甲用左蹬腿进攻乙胸部，乙迅速向左侧前上步，使用抄抱的方法将甲左脚抱住，同时两腿屈膝，后撤拉其左脚，待其重心前移时，快速把甲腿向下、向左后上方弧形摆动，从而使甲失重倒地。使用这项技术，涮腿时，首先要使其重心前移然后再改变方向，动作要连贯、有力。

（2）抱腿上掀摔

甲乙对战双方从实战姿势开始，甲用蹬腿进攻乙胸部，乙收腹含胸压抄抱甲脚部，屈臂上抬两手上托甲左脚后跟，向前上方用力推送使甲倒地。使用这项技术时，抓腿要握，插推上掀动作要连贯。

（3）接腿勾踢摔

甲乙对战双方从实战姿势开始，甲用侧踹腿进攻乙胸部，乙含胸收腹后抄抱甲右腿，随即两手抢脚回拉朝身体左侧拉带，同时右脚向前上一步，用右脚向前勾踢甲支撑腿踝关节处，从而使甲失重倒地。使用这项技术时，接抱腿要准、稳、紧、拉腿进身、勾踢动作要连贯。

2. 接弧线性腿法

（1）接腿别摔

甲乙对战双方从实战姿势开始，甲用前鞭腿踢击乙胸部，乙用右手拍挡后，右手抄抱甲小腿，随即乙进身将左腿伸至甲支撑腿的侧后方别对方，同时用胸腹部向外、向下压对方被搂抱的腿，上体同时向右后转体、拧腰、变脸，将对方摔倒。使用这项技术时，接腿要快速、准确，别腿、压胸、转体要协调一致。

（2）接腿压颈勾踢摔

甲乙对战双方从实战姿势开始，甲用右鞭腿踢乙肋部，乙用右手拍挡后，左小臂由下朝上抄抱甲小腿，随之右手从甲右肩上穿过甲颈部，同时用右脚向前勾踢甲支撑腿踝关节处。如勾踢不倒对方时，乙左臂抱住甲小腿上托。同时右手搂压甲脖颈处往右后带拉。使其朝右后方翻转倒地。使用这项技术时，接抱腿要快速准确、压颈、勾踢协调有力。

（3）接腿推切摔

甲乙对战双方从实战姿势开始，甲用左侧鞭腿踢乙肋部，乙用左手拍挡后，右小臂由下朝上抄抱甲左小腿，随之右脚向前上步，抬起左腿向前伸至甲两腿中间，由里朝外切打甲支撑腿的小腿后侧，同时左手前伸用力向前推击甲左肩，将甲向后摔倒。使用这项技术时，抱腿要紧，切腿、推要协调有力，同时完成。

（三）反摔

反摔技术是指对方使用摔法时，已方迅速做出反应，破坏其技术动作的正常发挥。例如：采用降低下撤重心或控制其肢体动作等方法，进而根据对方使用摔法技术的特点，使用另一种摔法将对方摔倒的技术动作；另一种情况是对方使用摔法技术时动作不正确，我便抓住其破绽，立即进攻，使用摔法。这种技术在散打比赛和训练实战中经常出现，是运动员处于被动或不利情况时扭转局面的一种行之有效的方法。这里简单介绍几种简单实用的反摔技术。

1. 推腿拨腰摔

甲乙对战双方从实战姿势开始，甲搂夹住乙的脖颈处准备做夹颈过背摔时，乙则迅速下蹲，降低重心，右手握甲右膝外侧，左手环抱甲腰部；随即乙用右手后推甲右膝，左臂向前下方推拨甲腰部，使甲向侧前方倒地。使用这项技术时，下蹲要快，推拨要发力，上下动作要协调配合。

2. 压颈掀腿摔

甲乙对战双方从实战姿势开始，甲抱住乙双腿（或单腿）准备做抱腿摔法，乙迅速屈髋下蹲，左手按住甲后脑或后颈处，右手则顺势向上抄起甲左踝关节，随即蹲身下坐，左手往下压，右手抄腿向上托掀，使甲向前翻滚倒地。使用此项技术时，下蹲坐要快，压颈、掀腿动作要同时完成，协调一致。

防守技术

防守技术是武术散打运动基本技术中的重要组成部分，是每个散打运动员必备的一项专项基本素质。运动员在比赛或训练实战中合理、准确、巧妙的运用防守技术，不仅能有效的保护自己的安全，而且还能为进攻创造有利的条件。散打比赛和其他格斗一样，只有积极主动的防守，才能为更好的进攻创造条件，才能掌握比赛中的主动权，获取最终的胜利。

防守技术一般分为接触式防守和非接触式防守两大类：接触式防守，即通过肢体的拦截而达到防守的目的，如对方采用后鞭腿进攻，我则以外挂或里抄防守等；非接触式防守，即通过身体姿势的变化或合理的步法移动以达到防守的目的，如对方用掼拳进攻时，我重心下降，身体下沉便可躲过对方来拳。这两类防守技术各自都有不同的技术特点，非接触式防守有利于充分发挥四肢的攻击作用但技术要求较高；而接触式防守抗阻力能力要强，具有较大的保险性。在实践中，应根据不同的情况和目的，运用不同的防守技术，或者根据个人的技术特点有选择的侧重的掌握不同的防守技术。

防守技术的总体要求是：对对手的进攻时间、攻击路线、攻击方法和攻击部位都要快速做出准确的判断，反应敏捷，使用防守技术通过大师的训练，达到条件反射的程度。

一、接触式防守

接触式防守要求防守面大，动作幅度小，还原转换快。防守面大指的是在实战中要立足于防一面，而非防一点，尽可能大的提高防守的成功率；动作幅度小指的是应以防守的效果是否有利于反击为准，动作幅度过小则会失去防守（防不住）和反击的作用；还原转换快，是指防守后完成预备姿势或转换成另一种防守动作，或转换成进攻的时间要短。如防左转防右、防上转防下的变换过程。动作间的转换速度如何，与动作幅度与结构有关，幅度大转换就慢，结构不合理也影响转换的速度。

（一）拍挡防守

左手（右手）以拳心为力点向里横向拍挡；主要用于对手以直线性拳法或弧线性腿法对我上盘的攻击。使用拍挡防守时，前臂尽量伸直，动作幅度要大，发力要短促。

（二）格挡防守

左手（右手）握拳屈肘向同侧头部或肩部格挡，主要用于防守对方左右掼拳或左右鞭腿攻击上盘。使用格档防守时，大小臂屈紧并贴于头侧，同时注意含胸拔背、侧身。

（三）拍压防守

左拳（右拳）以拳心或小臂内侧为力点由上向下拍压，主要用于防守对方正面的拳法或腿法进攻中盘，如直拳或正蹬腿，侧端腿等。拍压防守时臂弯曲，腕部要紧张用力。

（四）抄抱防守

1. 里抄

左（右）手臂微屈并外旋，紧贴于腹前，拳心朝上；同时右（左）手屈臂紧贴于胸前，立拳、拳心朝外。当对方以直线性腿法或弧线性腿法攻击我中、上盘时，可用此种手法抄抱对方来腿。使用此项技术防守时，两臂应紧贴于体前，抱腿时，两拳心应相对锁扣住对方攻击腿。

2. 外抄

左（右）手臂外旋弯曲，上臂紧贴肋部，前臂屈肘90°。拳心朝上，同时右（左）手屈臂、立拳、拳心向外。当对方使用弧线性腿法，如鞭腿进攻我中、上盘时，可采用此种方法抄抱对方来腿。使用外抄防守时，上臂应紧贴肋部，抱腿时，两拳心相对成钳状，锁扣对方攻击腿。

（五）挂臂防守

1. 里挂

左臂内旋，左拳由上向下，向右斜下方挂臂防守，拳眼朝里，拳心向左。当对方从正面或偏右的腿法攻击我中盘时，我可结合左闪步做里挂防守的动作。使用里挂防守时，小臂应尽量内旋，肘微屈以桡骨外侧为力点挂防，动作幅度要小，小臂应紧张用力，身体应右转。

2. 外挂

左（右）拳由上向下，向左（右）后斜挂，拳心朝外，拳眼朝里，臂微屈。使用时可结合左（右）闪步，防守对方蹬踹腿或弧线性腿法攻击我中盘。使用外挂防守时，肘关节应微屈，小臂应紧张用力，臂朝左（右）后斜下做挂防。

（六）阻挡防守

1. 肩臂阻挡

左（右）手臂收回与右（左）手臂紧贴于左右两肋，重心略前移以肩部和拳心阻挡对方直线性拳法的进攻，以臂部阻挡对方直线性腿法和进攻。使用肩臂阻挡防守时，身体应用力紧张，阻挡拳法时要含胸、闭气、提肩并收下颌，阻挡腿法对应收腹含胸、沉气，两手护紧身体，尽量缩小攻击面。

2. 提膝阻挡

左腿屈膝提起高度可由对方攻击腿的高度确定，同时两手臂回贴紧两肋，身体略下沉。主要防守对方直线性或弧线性腿法攻击我中、下盘，要以小腿外侧及前侧阻挡对方攻击腿。使用提膝阻挡防守时，判断要准，提膝要快，上体应含胸收腹。

（七）阻截防守

阻截防守也叫截击防守，是一种技术性较高的防守技术。它是建立在高度准确判断的基础上，在对方尚未做出进攻动作之前阻截对方，或者破坏对方的进攻路线甚至使对方失去平衡，以利于反击。很多情况下使用截击技术可以直接得分，因此从某种意义上讲，这种技术既是防守技术又可称为进攻技术。一般情况下阻截防守可分为拳法阻截和腿法阻截两大类。在此只以腿阻截为例简单介绍。

当判断出对方准确起腿进攻时，屈膝抬腿，脚想起，脚前掌朝前下方，以脚掌为立点前伸阻截对方攻击腿的动作路线，或直接攻击对方得分部位，使对方不能有效的完成进攻动作。使用阻截防守时，要判断准确，动作要突然、隐蔽，支撑要稳。

二、非接触式防守

（一）闪躲防守

闪躲防守的技术要求较高，主要是对对方进攻动作要有准确判断和相应的动作反应，以及做出动作时身体要整体协调。在使用闪躲技术时以避开对方使对方击打不着为宜，没必要动作幅度过大，这样节省体力，又利于及时的防守反击。闪躲防守一般是指身法闪躲，主要包括侧闪、后闪和下潜等几种。

1. 侧闪

从预备姿势开始，上体以腰为轴，向左（右）微转，两膝微屈，略俯身，两手臂收入至下颌处，主要用于防拳。使用侧闪防守时，上体要含缩，左右侧闪时头不转动，目视对方。

2. 后闪

从预备姿势开始，以腰为轴，前脚蹬地，重心后移上体略后仰。后闪时重心水平移动，下颌收紧，后闪幅度不宜过大。

3. 下潜

从预备姿势开始，双膝弯曲，重心下降前移，上体略前俯，前手臂收回贴于肋部，两拳护于下颌处，主要用于防拳。下潜时下颌收紧，快速、突然，要培养下潜后防腿、抱腿的意识。

（二）退让防守

退让防守主要是指利用步法的移动并结合身法避开对方和攻击锋芒的一种防守技术。

1. 后撤防

从预备姿势开始，前脚由前向后收步，接近后脚时前脚掌着地，重心落于后腿，主要防守对方的低腿法进攻。后撤时收步要迅速，上体略向后仰，支撑要稳。

2. 跳步防

从预备姿势开始，两脚蹬地向后，向左或向右跳闪，或做换跳步动作，用于防守对方的直线性腿法。或在应急时为反击寻找适宜的位置和时机。做跳步时整体不能松懈，动作幅度不宜过大，需配合身体的转动，目视对方。

（三）提膝防守

从预备姿势开始，前腿提膝做防守动作，用于当对方以低踹腿或低鞭腿攻击我方前腿时，迅速提膝做闪躲防守动作。提膝应及时，上体不宜过分后仰。注意提膝防守完后前腿的反击一定要迅速。

防守反击

防守反击技术是武术散打技术中的一种主要技术，是在练习者掌握了进攻技术与防守技术的基础上进行的，是一种复合技术。在比赛或实战训练中，运动员在防守的同时不失时机的反击对手，或者在进攻对方的同时，做出相应的防守再予以反击，才能在比赛中变被动为主动，时刻控制比赛的节奏。

防守反击技术运用得成功与否，除正确、熟练的掌握防守与进攻技术使其达到一定的条件反射程度外，还要把握防守反击的时机和培养防守反击的意识。防守反击的时机主要有：一是在对手将要进攻或已暴露意图，但未出击之前；二是在对手进攻落空尚未转入到防守的瞬间。防守反击意识的培养首先要克服心理上的不利因素，有的运动员在实战时缺乏自信心，犹豫不决，往往错过了反击的最佳时机；也有的运动员由于胆怯、畏惧对手的进攻，消极逃避、一味退闪等，都需在训练中加以克服。

在比赛或实战训练中，防守反击技术的一般形式有以下三种：一是先防守后反击；二是防守的同时反击；三是以攻代防。以下将从拳的防反、腿的防反、手加腿的防反和加摔的防反四个方面，用组合技术的形式对防守反击技术的教学加以诠释。

一、拳的防守反击

（一）后手拍挡、前直拳

从预备姿势开始，对手以前手直拳进攻我头部，我采用右手拍击防守，左直拳随之进攻对手头部的反击。使用时拍击不宜过早，动作要短促有力，反击要快。

（二）前手拍压防、后手掼拳

从预备姿势开始，对手用右直拳进攻我腹部，我前手向下拍压防守，随后用后手掼拳向对方头部反击。使用时拍压防守与进攻动作尽量同时完成。

（三）左侧闪、前直拳

从预备姿势开始，对手用直拳进攻我头部，我向左侧闪，同时出左直拳攻击对方头部。使用时侧闪与进攻要协调一致，同时完成。

二、腿的防守反击

（一）前腿提膝、后鞭腿

从预备姿势开始，对方用前低鞭腿进攻我前小腿，我迅速提膝防守，随后用后鞭腿进攻对方腰背部。使用时提膝防守要及时、快速，反击要快。

（二）前腿提膝、前侧踹

从预备姿势开始，对方用低踹腿进攻我前腿，我提膝防守阻挡，随后脚落地，用侧踹腿攻击对方胸腹部。使用时提膝要及时，连接侧踹动作要连贯、有力。

（三）换跳步、后低鞭腿

从预备姿势开始，对方用前腿低鞭腿攻击我前小腿，我采用换跳步躲过对方攻击腿，同时用后低鞭腿反击对方大腿。使用时换跳步与取击动作要同时完成。

三、手加腿的防守反击

（一）前手外挂、后腿鞭腿

从预备姿势开始，对方用后鞭腿攻击我肋部，我用前手向外做挂防，随后鞭腿攻击对方的胸腹部。使用时挂防有力，动作转换要快。

（二）前腿提膝、后直拳、前低鞭腿

从预备姿势开始，对方用前低鞭腿攻击我前小腿，我提膝防守后，用后手直拳进攻对方头部，然后用前低鞭腿攻击对方小腿部。使用时提膝防守判断要准，反击的组合技术要连贯有力。

（二）前手下拍压、后手直拳、后正蹬腿

从预备姿势开始，对方用侧踹腿进攻我胸部，我用前手臂屈肘向下拍压防守，随后用后直拳攻其面部，用正蹬腿攻其胸部。使用时拍压要有力，直拳与正踹要连贯。

四、加摔的防守反击

（一）拍击、下潜、抱腿摔

从预备姿势开始，对方以左右直拳向我进攻，我用右手拍击防守对方直拳，随即下潜防守对方右拳，同时抱对方腿部，将其摔倒。使用时判断要准确，下潜与抱腿要同时完成。

（二）格架防、夹颈过背摔（可参见摔法）

（三）抄抱鞭腿、压颈勾踢（可参见摔法）

攻中反击

"攻中反击"也称"反反击"，是散打技术中的一种关键技术，是现代散打运动员必须具备的一种重要技能，它是在积极主动的进攻对方的过程中，能够根据对方的反击动作，再伺机反攻对方的一种打法。体现出了第一击和最后一击的攻击技巧，以获取最佳得分效果。在激烈的散打比赛或实战训练中，双方始终贯穿着发挥与反发挥、制约与反制约的剧烈争夺，攻防转换极快。如你进攻对方，对方势必反击你，如果你不能避开或化解对方的反击就不能得分。所以必须再反击对方，才有可能得分，这样就摒弃了单一的"进攻型"或"防守反击"型打法，才能在激烈的对抗条件下达到"制人而不制于人"的目的，因此，提高"攻中反击"能力对运动员提高技术水平有着至关重要的作用。

在比赛或实战训练中，运动员运用"攻中反击"的技术过程，是一种极快的反射形式，是在极短的时间内完成的。散打运动员"攻中反击"能力的提高和培养应是教学训练的一项主要任务，必须运用各种切实可行的教学手段和练习方法，有计划、有目的地精心培养。

以下便以两种常见的"攻中反击"技术举例说明。

（一）左直拳、拍击防、右直拳、下潜、抱腿摔

从预备姿势开始，出左直拳进攻对方头部，对手左手拍击防守后用右直拳反击我头部，我则迅速下潜躲闪防守，用抱腿摔技术再反击对方。

（二）左正蹬、后退闪、左侧踹、外挂防、右直拳

从预备姿势开始，我以左正蹬腿进攻对方胸腹部，对方采用后退躲闪后，随即起左腿侧踹腿反击我胸部，我则采用外挂防住对方侧踹腿后，再以右直拳反击对方头面部。

PART 8　项目术语

　　武术术语是用来说明和记录武术动作的结构、特点及名称的专门用语。武术术语不是对武术动作简单的形象描绘，而是用简单易懂的词汇，根据动作的结构特点对其性质和形式的确切说明。掌握武术术语，不仅能简化文字说明，而且有助于正确领会动作的含义，为武术技术的学习打下良好的基础。

　　武术术语有3个基本要求：

　　1. 正确：能确切说明动作的性质和形式。

　　2. 简洁：以简洁文字说明动作的基本特点。

　　3. 易懂：术语要使人容易理解和记忆。

基本术语

　　前：前胸面对的方向。如果是倒立或翻腾义向下时的姿势，则背向的方向为前、胸向的方向为后。

　　后：背向的方向。

　　左右：左肩侧对的方向为左，右肩侧对的方向为右。

　　举：臂或器械移动距离小于或等于180°称为举。举的基本方向有前举、上举、侧举、后举。此外，还有斜方向，斜是指与水平成45°角，如斜上举、斜下举。

　　绕：指移动距离在180°以上，360°以下的弧形动作。如臂由下垂向前绕至托掌。

　　绕环：活动范围在360°或360°以上的圆形动作。如臂由下垂向前绕环一周，就是指臂由下垂开始经前、向上再向后，又恢复至下垂姿势的圆周动作。

四正：指东、南、西、北四个正方向，或指自身的前、后、左、右四方。太极拳练习者中，有称"掤、捋、挤、按"四式为"四正手"者。

四隅：指东南、东北、西北、西南等四个斜方向，或指自身的左前、左后、右前、右后等四个斜方向。四隅亦称四角。

三路：旧时拳家将人体分为上、中、下盘，每盘又分作三路。上盘指肩锁以上，分为肩、颈、头三个区段，俗称"上三路"；中盘指胸腹部，分为小腹、上腹、胸腔三个区段，亦作"中三路"；下盘即指裆以下，分为大腿（包括裆胯）、膝、小腿（包括脚踝）三个区段，即称"下三路"。

套路：武术运动的主要形式。旧时称"套子"或"套"。新中国成立后改称"套路"。旧时的套路贯有起势、收势，一般为2趟、4趟、6趟、8趟，乃至12趟，现行的竞赛套路，除保留传统的套路结构外，另从时间上规定为1分20秒和1分钟（传统套路）。类型有规定套路，自选套路，传统套路，对练套路，集体表演套路。

趟子：武术运动形式。即将数个招法，结合步法在行进中操练。这一形式是演练招法的有效手段。许多拳种不仅有套路，而且还有趟子、散招等。也有一些拳种，只有趟子而无套路。趟的技击用意更为明显。

段：套路术语，即趟。完整套路的组成部分。向同一方向演练至折回处为一段。每段均由若干"节"组成。要求段有轻重主次，快慢停动，迂回起伏。

节：套路术语。即"串子"。套路中"段"的组成部分。每节由若干"势"组成，中间一般无明显停顿。另有以动作类别特点分节者，如简化太极拳。

三盘：传统用语。武术中把人体分为上、中、下三盘。上盘指胸以上部位，中盘指腰胯间，下盘指两腿和两足。

三节：传统武术技法中，将人体分为上、中、下三节，或称梢、中、根三节，各节又分为三节。人体"节"有两种分法。一是以"头"为上节，躯干和手臂为中节，腿足为下节"，一是以"上肢为梢节，躯干为中节，下肢为根节。下节或根节是全身的根基，具有载负身体移动、支撑完成动作、催促劲力发放的作用。中节是全身的枢纽，具有联系两端、顺达劲力、使全身协调运动的作用。上节是全身的首脑，具有统领全身、驾驭动作的作用。梢节是人体灵活度最大的部位。头部又分为"三节"，以头顶百汇部为上节，鼻为中节，下颌为下节。上肢的

"三节"，肩为根节，肘为中节，手为梢节。躯干的"三节"，胸为上节，腰为中节，小腹为下节。下肢的"三节"，胯为根节，膝为中节，足为梢节。

三尖相对："三尖相对"也称为"三尖相照"，是一个带有规律性的武术技法。拳术和器械的大部分定式动作，都以此为规格准绳。它要求定式动作的前手指尖（或器械尖），上对鼻尖，下对前足尖。在动作过程中，要求三尖上下相照，一到皆到。

正把：握持器械的方法。以虎口朝向兵械的梢、刃的持握方法。如虎口朝向护手提刀、剑等带刃兵械；虎口朝向梢、尖握棍和枪等长柄兵械。

反把：握持器械的方法。泛指虎口对柄首张开，握住柄把。如反手剑的反把握剑。

交叉把：握持器械的方法。两手交叉握持柄杆。

满把：握持器械的方法。虎口张开，拇指压在食指第二指节上，其余四指靠扰并齐握住柄杆或柄把。

半把：握持器械的方法。手心向上托住柄杆，拇指沿杆伸直，其余四指屈扣，拢握住柄杆两侧，露出柄杆朝上一侧。半把一般只用于长兵械的前把。

死把：握持器械的方法。指满把捶紧把位，一般不移把、倒把或换把。双头棍中，两手握棍中段，用棍两端攻击，即用"死把"。

活把：握持器械的方法。泛指练习松握柄杆，甚至仅用拇、食两指控制兵械。亦称"空把"。

露把：握持器械的方法。指露出把端部分握持柄杆。持棍时后手宜留三四寸，以便换手。端枪时则不能露把。

螺把：握持器械的方法。正把握持柄把或柄杆，四指依序斜向卷屈呈螺形。

钳把：握持器械的方法。以拇指、食指和虎口的挟持之劲将柄把钳住，其余三指自然松附柄把。

刁把：握持器械的方法。以虎口挟持之劲将柄把刁牢，拇指、食指和中指自然伸扣，松贴柄把，其余两指松离柄把。

压把：握持器械的方法。由满把握持把柄，松开无名指和小指，压于把柄后端上面，使械身横平。

外三合：肩与胯合，肘与膝合，手与足合，合称外三合。

内三合：心与意合，意与气合，气与力合，合称内三合。

六合：一指人体的手、肘、肩、脚、膝、胯六个部位的协调统一。二指"内三合"和"外三合"的合称。

起势：套路运动中从预备到开始运动的第一个动作，称为起势。

收势：套路的最后一个动作，称为收势。

四击：指武术中踢、打、摔、拿四种技击方法。

八法：指手眼身法步，精神气力功。即手法、眼法、身法、步法、精神、气息、劲力、功夫八个方面。

十二型：是对动、静、起、落、站、立、转、折、快、缓、轻、重十二种运动方式，以大自然界中事物的现象和生物动态作比喻，可概括为：动如涛，静如岳，起如猿，落如鹤，站如钟，立如鸡，转如轮，折如弓，快如风，缓如鹿，轻如叶，重如铁。

长拳术语

手型

拳：五指卷紧，拇指压于食指、中指第二指节上。

平拳：指拳心向下，拳背向上。拳心向上的必须加以说明。

立拳：拳眼叫上。拳眼向下的要加以说明。

掌：拇指外展或一节屈曲，其余四指伸直并拢向后伸张。

直掌：手腕伸直。

立掌：向拇指侧屈腕，掌指尖朝上。

横掌：小指侧朝前，掌指尖朝左（右）。

勾：五指尖撮拢屈腕，或拇指与食指、中指撮拢成刀勾。

手法

冲拳：拳从腰间旋臂向前快速击出，力达拳面；侧冲、上冲要求同此，惟方向不同。

劈拳（侧劈、前劈、抢劈）：拳自上向下快速劈击，臂伸直，力达拳轮，抢劈时要成立圆劈击。

撩拳（正撩、反撩）：拳自下向前上方弧形直臂撩击，力达拳眼或拳心；反撩力达拳轮或拳背、拳心。

贯拳：拳从侧下方向斜上方弧形横击，臂微屈，拳眼斜向下，力达拳面。

崩拳：臂由屈到伸，运用前臂和腕力经下向前崩击，速度要快，臂要直，力达拳背。

栽拳：臂由屈到伸自上向下或向前下栽出，直臂快速，力达拳面。

砸拳：臂上举，而后屈臂下砸，拳心向上，力达拳背。

盖拳：直臂以拳心为力点，从上向下降落至平举部位。

横拳：直臂自侧面向前、向后平扫横击，力达前臂及拳背或拳轮、拳眼。

推掌：掌由腰间旋臂向前推击，速度要快，臂要直，力达掌外沿。

挑臂：臂由下向上翘腕立掌上挑，力达四指。

穿掌（前穿、后穿、侧穿、上穿）：手心向上，臂由屈到伸，沿身体某一部位穿出，力达指尖。

插掌：臂由屈到伸，直腕向下或斜下插掌，力达指尖。

撩掌：手心向前上，直臂向前撩出，速度要快，力达掌心。

劈掌：以小指侧为力点，从上向下直腕劈击。

砍掌：小指一侧为力点，直腕斜向砍击。

按掌：自上向下按，手心向下，力达掌心。

拍掌：直腕俯掌下拍，力达掌心。

架掌：屈臂上举，横掌于头上方，力点在小指侧。

亮掌：臂由同侧绕至上举成横掌。

搂手：手心向下，向斜外侧划弧，力达掌外沿。

刀手：手腕由伸到屈，向里或向外刀捋，力达手指。

缠手：以腕关节为轴，手掌由内向上、向外缠绕，同时前臂外旋，使手心转向上抓握。

舞花手：两臂交叉，以腕、肘、肩为轴两臂依次绕环。

步型

弓步：前脚微内扣，全脚着地，屈膝半蹲，大腿接近水平，膝部约与脚尖垂直；另一腿挺膝伸直，脚尖里扣斜向前方，全脚着地。

马步：两脚左右开立约为脚长的三倍，脚尖正对前方屈膝半蹲，大腿接近水平。

虚步：后脚斜向前，屈膝半蹲，大腿接近水平，全脚着地；前腿微屈，脚面绷紧，脚尖虚点地面。

仆步：一腿全蹲，大腿和小腿靠紧，臀部接近小腿，全脚着地，膝与脚尖稍外展；另一腿平铺接近地面，全脚着地，脚尖内扣。

歇步：两腿交叉屈膝全蹲，前脚全脚着地，脚尖外展；后脚脚跟离地，臀部坐于小腿上，接近脚跟。

坐盘：两腿交叉叠拢下坐，臀部和后腿的大小腿外侧及脚面均着地；前腿的大腿靠近胸部。

前点步：两腿伸直，一脚前出半步以脚尖虚点地面。

后点步：两腿伸直，一脚后撤半步以脚尖虚点地面。

丁步：两腿并拢半蹲，一脚全脚着地支撑，另一脚停靠在支撑脚内侧，脚尖点地。

丁字步：两腿直立，全脚着地，一脚脚跟与另一脚脚弓相靠，成丁字形。

叉步：两腿交叉，前脚脚尖外摆45°，全脚着地，屈膝半蹲，大腿接近水平；另一腿挺膝伸直，前脚掌着地，脚尖正向前方。

横裆步：两脚左右开立，约同弓步宽，全脚着地，两脚尖正对前方，一腿屈膝半蹲，另一腿挺膝伸直。

半马步：前腿稍屈，脚尖微内扣，后腿下蹲，大腿略高于水平，脚尖外展，两脚距离同马步，重心略偏于后腿。

并步：两腿伸直，两脚并拢。

错步：两脚前后自然站立。

开步：两脚左右平行站立。

扣步：错步站立，后腿屈膝略蹲，前脚脚尖内扣。

摆步：错步站立，后腿屈膝略蹲，前脚脚尖外展。

步法

上步：后脚向前迈步。

退步：前脚向后退步。

盖步：一脚经另一脚前横迈一步，两腿交叉。

插步：一脚经另一脚后横迈一步，两腿交叉。

行步：两腿微屈，行步平稳，步幅均匀，重心不得起伏，不允许腾空。

纵步（垫步）：一脚提起，另一脚蹬地前跳落地。

跨跳步：后腿蹬地跳起，前脚前摆落地。

跃步：后脚提起前摆、前脚蹬地起跳，接着后脚向前落地。

击步：后脚击碰前脚腾空落地。

蹦步：双脚起跳落地。

跳步：单脚跳起落地。

腿法

直摆性腿法：膝关节挺直，以髋关节为轴踢摆。如：正踢腿、斜踢腿、侧踢腿、外摆腿、里合腿、后撩腿、倒踢腿。

屈伸性腿法：膝关节由屈到伸的腿法。如：弹腿、蹬腿、侧踹腿、点腿、铲腿、缠腿。

扫转性腿法：一腿屈膝全蹲支撑作轴，另一腿伸直扫转一周或一周同以上为扫转性腿法。如直身前扫、伏地后扫。

击响腿法：支撑腿伸直，摆动腿直腿踢摆，并用同侧或异侧手击拍脚面或脚掌作响为击响腿法。如单拍脚、斜拍脚、摆莲拍脚、里合拍脚。

劈叉腿法：两腿伸直，左右或前后劈开成直线，臀部和两腿贴地。如横叉、竖叉、跌叉。

平衡

前提膝平衡：支撑腿直立站稳。上体正直，另一腿在体前屈膝高提近胸。小腿斜垂里扣，脚面绷平内收。

探海平衡：支撑腿直立站稳。上体前俯略低于水平，挺胸抬头。后举腿伸直，高于水平，脚面绷平。

燕式平衡：支撑腿直立站稳。上体前俯略高于水平，挺胸展腹。后举腿伸直，高于水平，脚面绷平。

仰身平衡：支撑腿伸直或稍屈站稳。上体后仰接近水平。另一腿伸直平举于体前，高于水平，脚面绷平。

望月平衡：支撑腿伸直或稍屈站稳。上体侧倾拧腰向支撑腿同侧上方拧翻，挺胸塌腰。另一腿在身后向支撑腿的同侧方上举，小腿屈收，脚面绷平，脚底朝上。

跳跃

腾空飞脚：摆动腿高提，起跳腿上摆伸直，脚面绷平，脚高过肩，击手和拍脚连续快速、准确响亮。

腾空摆莲：摆动腿要高，起跳腿伸直外摆，脚面绷平，脚高过肩，两手相击并依次拍脚共计三响，不能有一响落空。

腾空箭弹：身体腾空，起跳腿由屈到伸向前弹出，力达脚尖，高与腰平。

旋风脚：摆动腿直摆或屈膝，起跳腿伸直里合，腾空转体270°，异侧手拍击脚掌，脚高过肩，击拍响亮，转体360°落地。

旋子：一腿摆起，另一腿起跳腾空，挺胸、塌腰、抬头旋转一周后落地。

跌扑滚翻

抢背：一脚起跳腾空前跃，上身卷屈，肩、背、腰、臀依次着地翻滚，轻快圆活，起身迅速。

鲤鱼打挺：迅速收腹，两腿下打，宽不过肩，起立轻快。

扑虎：腾空要高，落地要轻。手、胸、腹、膝依次着地，两腿稍屈并拢或稍稍分开。

盘腿跌：腾空过腰，在空中成侧卧，落地时下面腿的大小腿外侧与两掌同时着地。

乌龙绞柱：肩、颈着地，腰腿竖直，两腿在空中相绞，幅度要大，动作要轻快敏捷。

太极拳术语

手型

拳：五指卷屈，拇指压于食指、中指第二指节上。握拳不可太紧。

掌：五指微屈分开，掌心微含，虎口成弧形。手指不可僵直，也不可过于弯屈。

勾：五指第一指节捏拢，屈腕，手指和腕部都要松活自然。也可拇指、食指和中指捏拢，无名指和小指屈于掌心。

步法

上步：后脚前进一步或前脚前移半步。

退步：前脚后腿一步。

撤步：前脚或后脚后退半步。

进步：两脚连续向前移动各一步。

跟步：后脚向前跟进半步。

侧行步：两脚平行连续侧向移动。

碾步：脚跟作轴，脚尖外展或内扣；或以前脚掌作轴，脚跟外展或内转。

腿法

分脚：支撑腿微屈站稳。另一腿屈膝提起，然后小腿上摆，腿伸直、脚面绷平，脚尖向前，高过腰部。

蹬脚：支撑腿微屈站稳。另一腿屈提起，然后脚慢慢蹬出，腿伸直脚尖上勾，脚高过腰部。

拍脚：支撑腿微屈站稳。另一腿向下直摆，脚面展平，手掌在额前迎拍脚面。

摆莲脚：支撑腿微屈站稳。另一腿从异侧摆起约面前向外做扇形浮动，脚面展平，两手在额前依次迎拍脚面，击拍两响。

刀术术语

名称

如图所示（刀示意图）

握法

抱刀：手心贴紧护手刀盘，食指、中指夹握刀柄。拇指从上，无名指、小指从下扣握护手盘，刀背贴臂。

握刀：五指握拔刀柄，虎口贴近护手盘。四指中节与刀刃成一直线。

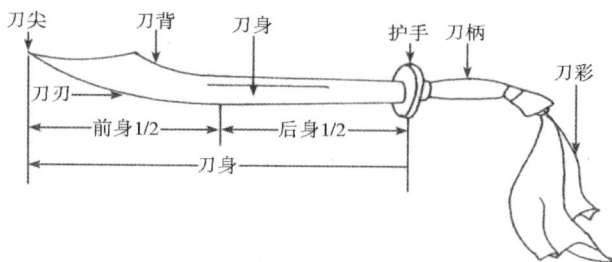

刀示意图

刀法

缠头刀：臂内旋提肘，刀尖下垂，刀柄上提过头，使刀由体前绕过左肩，刀背贴脊背向右方绕转。

裹脑刀：臂外旋，刀尖下垂，刀柄上提过头，刀背沿右肩贴背绕过左肩，头部正直。

砍刀：刀向右下方或左下方斜劈为砍。

劈刀：刀由上向下为劈，力达刀刃。

截刀：刀刃斜向上方或斜向下方为截，力达刀刃前部。

撩刀：刀刃由下向前上为撩，力达刀刃前部。正撩前臂外旋，手心朝上，刀贴身体右侧弧形撩出；反撩前臂内旋，刀沿身体左侧撩出。

挂刀：以刀背前部用力，由上向左（右）下或由下向左（右）上靠近身体摆动。

刺刀：刀刃向下或向上，力达刀尖向前直刺。

扎刀：刀刃向左或向右，力达刀尖向前直扎。

云刀：刀在头顶或头前上方以腕为轴向左（右）平圆绕环为云。云刀时头要后仰或向左肩侧倒。

按刀：刀刃朝下，左手附于刀背或右腕，两手同时用力下压。

扫刀：刀刃朝左（右），向左（右）横砍，力达刀刃，高与踝关节平。

藏刀：将刀贴身藏起为藏刀。刀身横平，刀尖朝后，刀刃朝外，藏于左腰后为拦腰藏刀；刀身竖直藏于左肩后为立藏刀；刀身平直，刀尖朝前，刀刃朝下，藏于右髋侧为平藏刀。

挑刀：刀背朝上，刀随臂上举，力达于刀背前部。

斩刀：刀成水平，手腕用力，使刀刃前部向左（右）迅速挥顿。

崩刀：腕下沉，刀尖由下向上，力达刀尖。

点刀：提腕，使刀尖猛力向前下点出，力达刀尖。

背花：手背贴腰，以腕为轴，使刀在背后绕一立圆。

腕花：握刀前伸，以腕为轴，在臂内（外）侧向下绕环为正腕花（亦称剪腕花）；向上绕环为反腕花（亦称撩腕花）。

推刀：刀身垂直或横平，左手附于刀背前部或腕部，刀刃朝前，使刀身向前平行运动。

抹刀：刀刃朝左（右）由前向左（右）弧形回抽为抹，高度在胸腹之间，力达刀刃。旋转抹刀要求旋转一周或一周以上。

架刀：刀由下向上横平举起，刀刃向上，高过头部。

棍术术语

名称

如图所示（棍示意图）

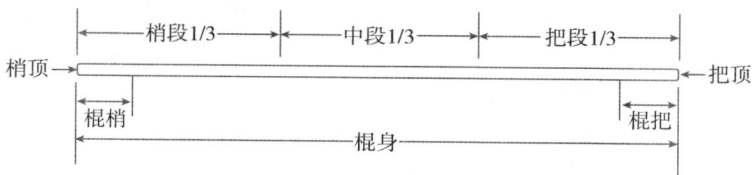

棍示意图

握法

顺把握：虎口顺向握棍。
对把握：虎口相对握棍。

棍法

戳棍：力点达于棍顶。
劈棍：两手向前下方用力，使棍的一端由上向下劈出，力达棍的梢段或把段。
点棍：棍的一端由上向下短促用力，力达棍端。
崩棍：棍的一端由下向上短促用力，力达棍端。
绞棍：棍的一端向内或向外绕环，力达梢段或把段。
盖棍：两手开握棍，棍身要平，一手滑握使棍的一端由上向另一侧下盖，棍身仍成水平，动作要快速有力。
云棍：棍在头前上方或上方向左（右）平圆绕环一周。
舞花棍：以单手或双手握棍中段，使棍身靠近体侧连续作立圆动作。
抡棍：单手或双手握棍，棍在胸部以上向左（右）平抡半周以上。要求迅猛有力，力达棍前段。

扫棍：单手或双手握棍成水平，使棍向左（右）平摆，摆幅大于90°，力达棍身前段，高不过腰部。

提撩棍：单手或双手握棍，以腕为轴使棍沿身体左侧或右侧划立圆向前或向后撩出，速度要快，力达棍前段。

挑棍：两手握棍，棍的一端由下向前上方挑起。动作要快，力达上挑的一端。

挂棍：用棍梢或棍把由前向侧后上方或侧后下方拨摆。棍要贴近身体，快速有力。

拨棍：两手并握，用把段或梢段向前上（下）方左（右）拨动，拨幅不超过90°。

格棍：棍在体前竖直向左（右）格挡，动作要快速有力。

架棍：两手开握，棍身成水平或直立，向体前或体侧直臂推出。

摔棍：单手或双手握棍，使棍身由上向下猛击地面。

击棍：棍身或棍把平向左（右）用力横击。

剑术术语

名称

如图所示（剑示意图）

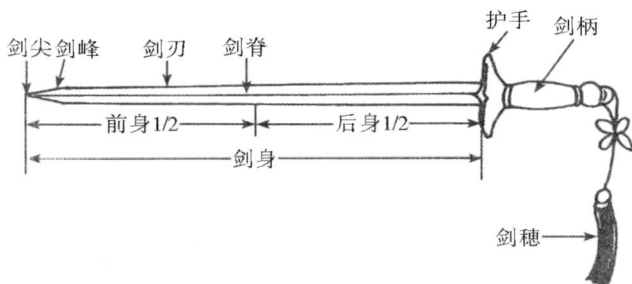

剑示意图

握法

持剑：手心贴紧剑格，食指附于剑柄，拇指和其余手指扣握剑格，剑脊贴近小臂后侧。

握剑：虎口贴近剑格，五指握拢剑柄，四指中节与剑刃成一直线。四指中节向下为正立剑，向上为反立剑，手心向下为俯平剑，手心向上为仰平剑。

剑法

刺剑：立剑或平剑向前直出为刺，力达剑尖，臂与剑成一直线。剑刃朝上下为立剑，剑刃朝左右为平剑。平刺剑剑尖高与肩平；上刺剑剑尖高与头平；下刺剑剑尖高与膝平；低刺剑剑尖贴近地面，不得触地；后刺剑要与身体后转、后仰动作协调一致；探刺剑直臂内旋，手心向外，经肩上向前上方或前下方立剑刺出，上体和持剑之臂顺势前探。

劈剑：正立剑，由上向下为立劈，力达剑身。臂与剑成一直线，剑由上向斜下运动为斜劈。抡劈剑沿身体右侧或左侧绕一立圆；后抡劈剑要与身体后转协调一致。

挂剑：以剑前身用力（虎口侧刃）由上向下或由下向上挥摆。

撩剑：反立剑经体侧由下向前上方挥摆为撩，力达剑身前部。正撩剑前臂外旋，反撩剑前臂内旋。

云剑：剑在头顶或头前上方以腕为轴向左（右）平圆绕环为云。要仰头，剑勿过顶。

抹剑：平剑，由前向左（右）弧形回抽为抹，高度在胸腹之间，力达剑身。旋转抹剑要求旋转一周或一周以上。

绞剑：剑向前伸出，以腕为轴使剑尖向左（右）小立圆绕环为绞。

架剑：立剑横平上举过头，力达剑身。

挑剑：正立剑，剑由下随臂上举，力达剑前身。

点剑：手腕用力上提，剑尖由上向下，力点达于剑锋。

崩剑：立剑，手腕用力下沉，剑尖由下向上力达剑锋。

截剑：剑成斜面，以剑前身小指侧刃为力点迎击。

带剑：平剑或立剑由前向侧后或侧后上方回抽为带。力达剑刃。

抱剑：右手抱剑于胸前，剑尖朝右为横抱剑，剑尖朝上为立抱剑，剑尖朝前为平抱剑。

穿剑：平剑，剑尖经胸腹间弧形向前为平穿剑，力达剑尖；前臂内旋，立剑剑尖由前向后转动而出为后穿剑，力达剑尖，高不过膝，低不触地；抡穿剑剑尖向后、向左随转体贴身立圆绕环一周。

提剑：剑尖垂直朝下为倒提剑，前臂内旋，虎口朝下；立剑由下向右上方贴身弧形提起为右上提剑，高与肩平，剑尖斜朝下；左上提剑时前背外旋，手心朝上，向左上提起，余同右上提剑。

斩剑：平剑向左（右）横出，高度在头与肩之间为斩，力达剑身，臂前伸。

扫剑：平剑向左（右）横摆，力达剑身，与踝关节同高为扫。旋转扫剑要求旋转一周或一周以上。

剪腕花：以腕为轴，立剑在臂两侧向前下贴身立圆绕环，力达剑尖。

撩腕花：以腕为轴，立剑在臂两侧向前上贴身绕环，力达剑尖。

剑指：中指与食指伸直并拢，其余三指屈于手心，拇指压在无名指第一指节上。

枪术术语

名称

如图所示（枪示意图）

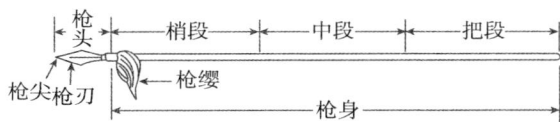

枪示意图

握法

持枪：右（左）手松握枪身，直立于右（左）侧，臂自然下垂。

端枪：双手前后开握枪身，虎口向前，前臂微屈，后手握把端贴近腰部，使枪身近似水平。

枪法

双手扎枪：后臂伸直，使枪直出，后手触及前手，力达枪尖。平枪成水平；上枪高不过头，低不过肩；下枪高不过膝，低不触地；上平枪高与胸平；中平枪在胸腰之间；下平枪与腰相齐；低乎枪离地20厘米左右。

单手扎枪：单手握枪把段，屈臂直伸，力达枪尖。

拦枪：端枪左手外旋，同时右手内旋，双手合力使枪尖向左划半圆，力达枪的前段。

拿枪：同拦枪，唯方向相反。

绞枪：使枪尖绕成立圆高不过肩，力点达于枪前段。

劈枪：双手握枪，由上而下，用力快猛，力达于枪尖。

崩枪：枪尖向上或向左右短促用力崩弹，使枪杆颤动，力达枪尖。

点枪：枪尖由上向下短促用力，力达于枪尖。

挑枪：单手或双手握枪，使枪由下向上随臂上举，力点达于枪头或前段。

拨枪：两手开握，用把段或前段在身体的斜上方或斜下方，向左（右）摆动，摆幅小于90°。

扫枪：枪接近地面平摆，不可触地，力达前段。

撩枪：单手或双手握枪，经体侧由下向上挥摆。

挂枪：双手握枪，用把段或前段由下向身体的左右上方或由上向左右下方摆动。

摔枪：由上向下使枪身猛击地面。

架枪：两手握枪，使枪身横平，由下向上推送过头，力点达前段或中段。

带枪：双手同时用力水平后收，变枪身贴身，力点达前段左（右）侧。

缩枪：枪滑动后收，前手要接近枪缨。

背后穿枪：后把反握，前手托枪前段，置于背后，后手推送枪从前手滑出。

压枪：两手开握，前臂内旋，用力下按，力达前段。

立舞花枪：枪贴近身体立圆舞动，要连续快速。

平舞花枪：两手握枪中段在头顶上方连续快速平圆舞动。

PART 9 裁判标准

套路比赛裁判标准

一、自选项目的评分方法

1. 各项目比赛的评分满分为 10 分（不含创新难度加分在内）。其中动作质量的分值为 5 分；演练水平的分值为 3 分；难度的分值为 2 分。

2. A 组裁判员根据运动员现场完成动作时出现的各种错误进行扣分。

3. B 组裁判员和裁判长根据运动员整套的现场演练评定等级分数，并对套路中的编排错误进行扣分。

4. C 组裁判员根据运动员现场动作难度和连接难度的完成情况进行确认。

二、自选项目的评分标准

1. 动作质量

运动员现场完成套路时，动作规格与要求不符，每出现一次扣 0.10 分；其他错误每出现一次扣 0.10—0.30 分。

2. 演练水平

演练水平的评分包括演练水平等级的评分和套路编排的扣分。

（1）演练水平等级的评分按劲力、协调、节奏、风格、配乐的评分标准分为 3 档 9 级，其中：3.00 分至 2.51 分为好；2.50 分至 1.91 分为一般；1.90 分至 1.01 分为不好。

演练水平的总体要求是：劲力充足，用力顺达，力点准确，手眼身法步配合协调（器械项目需身械协调），节奏分明，风格突出、动作与音乐和谐一致。在运动员的整体演练中，根据与"演练水平的总体要求"相符程度，确定运动员的演练水平等级分。

（2）套路编排的扣分，是在运动员完成套路时，根据"自选套路内容的有关规定"，每缺少一个规定的动作内容扣 0.20 分；结构、布局、音乐与要求不符者，每种错误扣 0.10—0.50 分。

（3）难度评分根据动作难度、连接难度、创新难度来进行。

在动作难度上，完成一个 A 级动作计 0.20 分，完成一个 B 级动作计 0.30 分，完成一个 C 级动作计 0.40 分。动作难度分累计，如超过了 1.40 分，则按 1.40 分计算。现场完成的动作难度不符合规定要求，则不计算动作难度加分。

在连接难度上，完成一个 A 级连接计 0.10 分，完成一个 B 级连接计 0.15 分，完成一个 C 级连接计 0.20 分，完成一个 D 级连接计 0.25 分。连接难度的累计，如超出了 0.60 分，则按 0.60 分计算。现场完成的连接难度不符合规定要求，则不计算连接难度分。

在创新难度上，完成一个创新的 B 级动作难度（含连接难度）加 0.10 分；完成一个创新的 C 级动作难度（含连接难度）加 0.15 分；完成一个创新的超 C 级动作难度加 0.20 分。由于动作失败或与鉴定的创新难度不符，不予加分。创新难度的分值应计算在难度分值以内。创新难度的加分应在难度分值之外。

三、无难度评判的规定项目和自选项目的评分方法

1. 由评判动作质量的裁判员 3 名（A 组）和评判演练水平的裁判员 3 名（B 组）及裁判长组成。

2. 各项目比赛的满分为 10 分。其中动作质量的分值为 5 分；演练水平的分值为 5 分。

3. A 组裁判员根据运动员现场完成动作时出现的错误进行扣分。

4. B 组裁判员和裁判长根据运动员整套的现场演练评定等级分数，并对套路中的编排错误进行扣分。

四、无难度评判的规定项目和自选项目的评分标准

1. 动作质量

运动员现场完成套路时，动作规格与要求不符，每出现一次扣 0.10 分；其他错误每出现一次扣 0.10 至 0.30 分。

2. 演练水平

演练水平的评分包括演练水平等级的评分和套路编排的扣分。

在演练水平等级的评分上，按劲力、协调、节奏、风格、配乐的评

分标准分为 3 档 9 级，其中：5.00 分至 4.21 分为好；4.20 分至 3.01 分为一般；3.00 分至 1.51 分为不好。演练水平的总体要求是：劲力充足，用力顺达，力点准确，手眼身法步配合协调（器械项目还需身械协调），节奏分明，风格突出、内容充实、编排合理、动作与音乐和谐一致。

在套路编排的扣分上，运动员完成套路时，每增加或缺少一个规定的动作内容扣 0.20 分；结构、布局、音乐与要求不符者，根据不同程度扣 0.10—0.50 分。

五、裁判员的示分

1. A 组裁判员所示分数可到小数点后一位数；

2. B 组裁判员和 C 组裁判员所示分数可到小数点后两位数。

六、应得分数的确定

1. 自选项目

动作质量应得分、演练水平应得分和难度应得分之和，即为运动员自选项目的应得分数。

（1）动作质量应得分

A 组 3 名裁判员对运动员现场演练时出现的动作规格错误以及其他错误，按照自选项目动作规格和其他错误内容及扣分标准的要求进行扣分，2 名以上裁判员对运动员同一个动作错误和其他错误扣分的累计之和，即为运动员的应扣分；用动作质量的分值减去应扣分，即为运动员的动作质量应得分。

（2）演练水平应得分

B 组 3 名裁判员和裁判长示出的运动员演练水平等级分的平均值，减去编排错误的扣分，即为运动员的演练水平应得分。B 组 4 人评出的等级分数，去掉最高分和最低分，取中间两个分数的平均值为演练水平的等级分。B 组 4 人中，至少两人对运动员演练套路时的编排错误（每个错误的扣分均须同时确认）确认一致即为有效。经确认的编排错误扣分之和为编排错误的扣分。

（3）难度应得分

C 组 3 名裁判员对运动员现场所做的动作难度和连接难度进行确认，按照自选项目动作难度和连接难度计分标准的要求，2 名以上裁判员确认的累计分数之和，即为运动员的难度应得分。

2. 无难度评判的规定项目和自选项目

动作质量应得分和演练水平应得分之和，即为运动员的应得分数。

（1）动作质量应得分

A 组 3 名裁判员对运动员现场演练时出现的动作规格错误以及其他错误，按照自选项目动作规格及其他错误内容扣分标准的要求进行扣分，2 名以上裁判员对运动员同一个动作错误和其他错误扣分的累计之和，即为运动员的应扣分；用动作质量的分值减去应扣分，即为运动员的动作质量应得分。

（2）演练水平应得分

B 组 3 名裁判员和裁判长示出的运动员演练水平等级分的平均值，减去编排错误的扣分，即为运动员的演练水平应得分。

七、最后得分的确定

1. 自选项目的最后得分由裁判长从运动员的应得分中减去"裁判长的扣分"，加上"创新难度的加分"，即为运动员的最后得分。

2. 无难度评判的规定项目和自选项目的最后得分由裁判长从运动员的应得分中减去"裁判长的扣分"，即为运动员的最后得分。

3. 如裁判员在评分中出现明显不合理的现象或明显错误时，在示出运动员的最后得分前，裁判长经总裁判组同意后，可根据细则作出调整。

八、无电子计分系统的操作方法

若比赛场地无电子计分系统，则根据比赛的具体情况，采用笔录方式进行。须增设记录员 1—2 人，增设计时员 1 人，增设成绩公布员 1 人。

散打比赛裁判标准

一、技法要求、得分标准与判罚

（一）可用方法

比赛中除禁用方法外，可以使用武术的各种拳法、腿法和摔法。

（二）禁用方法

1. 用头、肘、膝和反关节技法攻击对方。

2. 用迫使对方头部先着地的摔法或有意砸压对方。

3. 用任何方法攻击倒地方的头部。

（三）得分部位

头部、躯干、大腿。

（四）禁击部位

后脑、颈部、裆部。

（五）得分标准

1. 得 2 分

（1）一方下台，另一方得 2 分。

（2）一方倒地，站立者得 2 分。

（3）用腿法击中对方头部、躯干得 2 分。

（4）用主动倒地的动作致使对方倒地，而自己顺势站立者，得 2 分。

（5）一方被强制读秒一次，另一方得 2 分。

（6）一方受警告一次，另一方得 2 分。

2. 得 1 分

（1）用拳法击中对方头部、躯干得 1 分。

（2）用腿法击中对方大腿得 1 分。

（3）运动员被指定进攻后达 5 秒钟仍不进攻时，另一方得 1 分。

（4）一方主动倒地 3 秒钟不起立，另一方得 1 分。

（5）一方受劝告一次，另一方得 1 分。

3. 不得分

（1）方法不清楚，效果不明显，不得分。

（2）双方下台，互不得分。

（3）双方倒地，互不得分。

（4）一方用方法主动倒地，另一方不得分。

（5）抱缠中击中对方，不得分。

（六）犯规与罚则

1. 技术犯规

（1）消极搂抱对方。

（2）背向对方逃跑。

（3）处于不利状况时举手要求暂停。

（4）有意拖延比赛时间。

（5）上场不戴或有意吐落护齿、松脱护具。

（6）比赛中对裁判员有不礼貌的行为或不服从裁判。

2. 侵人犯规

（1）在口令"开始"前或喊"停"后进攻对方。

（2）击中对方禁击部位。

（3）以禁用方法击中对方。

3. 罚则

（1）每出现一次技术犯规，劝告一次。

（2）每出现一次侵人犯规，警告一次。

（3）侵人犯规达 3 次，取消该场比赛资格。

（4）运动员故意伤人，取消其比赛资格，所有成绩均无效。

（5）运动员使用违禁药物或局间休息时输氧，取消其比赛资格，所有成绩均无效。

（七）暂停比赛

1. 运动员倒地（主动倒地除外）或下台时。

2. 运动员犯规受罚时。

3. 运动员受伤时。

4. 运动员相互抱缠没有进攻动作或无效进攻超过 2 秒时。

5. 运动员主动倒地超过 3 秒钟时。

6. 运动员被指定进攻超过 5 秒钟仍不进攻时。

7. 运动员举手要求暂停时。

8. 裁判长纠正错判、漏判时。

9. 相关人员处理场上问题或发现险情时。

10. 因灯光、场地、电脑评分系统故障等客观原因影响比赛时。

二、胜负评定与名次评定

（一）胜负评定

1. 优势胜利评定

（1）在比赛中，双方实力悬殊，台上裁判员征得裁判长的同意，判技术强者为该场胜方。

（2）一方被重击（侵人犯规除外）倒地不起达 10 秒，或虽能站立但知觉失常，判另一方为该场胜方。

（3）一场比赛中，一方被重击强制读秒（侵人犯规除外）达 3 次，判另一方为该场胜方。

2. 每局胜负评定

（1）每局比赛结束时，依据边裁判员的评判结果，判定每局胜负。

（2）一局比赛中，一方受重击被强制读秒（侵人犯规除外）2 次，另一方为该局胜方。

（3）一局比赛中，一方2次下台，另一方为该局胜方。

（4）一局比赛中，双方运动员得分相同时，判主动进攻技术强者为胜方。

3. 每场胜负评定

（1）一场比赛，先胜两局者为该场胜方。

（2）比赛中，运动员出现伤病，经医生诊断不能继续比赛者，判另一方为该场胜方。

（3）比赛中因一方犯规，另一方诈伤，经医务监督确诊后，判犯规一方为该场胜方。

（4）因对方犯规而受伤，通过医务监督检查确认不能继续比赛者，为该场胜方。但不得参加后面所有场次的比赛。

（二）名次评定

1. 个人名次评定

（1）淘汰赛时，直接产生名次。

（2）循环赛时，积分多者名次列前，若两人或两人以上积分相同时，按下列顺序排列名次：负局数少者列前；受警告少者列前；受劝告少者列前；体重轻者列前（以第一次称量体重为准）。上述四种情况仍相同时，名次并列。

2. 团体名次评定

（1）名次分

各级别录取前8名时，分别按9、7、6、5、4、3、2、1的得分计算；各级别录取前6名时，分别按7、5、4、3、2、1的得分计算。

（2）积分相同时的处理办法

两个或两个以上的团体分数相同时，按下列顺序排列名次：按个人获得第1名多的队名次列前；如再相同时，按个人获得第2名多的队名次列前，依次类推：受警告少的队名次列前；受劝告少的队名次列前。如以上几种情况仍相同时，名次并列。

PART 10 赛事组织

武术组织

国际武术联合会

国际武术联合会简称国际武联，是一个国际性的武术组织。1985年8月在中国西安举办了第一届国际武术邀请赛，来自17个国家和地区的代表队参加了比赛，同时成立了国际武术联合会筹备委员会。1990年10月3日国际武术联合会在北京正式成立，总部设在北京，以推动各个国家和地区武术团体的联合与统一，促进国际武术运动的发展为宗旨。

1994年10月22日，国际武术联合会被国际单项体育联合会接纳为正式会员。1999年6月20日，国际武术联合会得到国际奥委会的临时承认。2001年国际武术联合会向国际奥委会正式递交了武术进入奥运会的申请，并得到中国政府的支持。2002年2月，国际奥委会第113次全会通过正式承认国际武术联合会的决定，武术同时成为国际奥委会承认的体育项目，为把中国武术推进世界作出了卓越贡献。国际武联现有成员协会143个。国际武联的正式工作语言为中文和英文。国际武联下设执行委员会、技术委员会、传统武术委员会、市场发展委员会、医务委员会、运动员委员会等。管辖及举办的主要正式比赛有：世界武术锦标赛（两年一届）、世界青少年武术锦标赛（两年一届）、世界传统武术锦标赛暨世界传统武术节（两年一届）、世界杯武术散打比赛（两年一届）、世界太极拳健康大会（两年一届）等。

中国武术协会

中国武术协会成立于 1958 年 9 月，是推动武术运动发展、促进武术运动普及和技术水平提高的全国性群众体育社会团体，是中华全国体育总会和中国奥委会的团体成员，是由各省、自治区、直辖市、计划单列市武术协会，各行业体协、高等院校、其他具有合法地位的武术社团组织以及热爱武术事业的个人组成，是武术行业的全国性非营利性社会组织。中国武术协会接受国家体育总局、民政部、中华全国体育总会、中国奥委会的业务指导和监督管理。协会下设裁判委员会、教练委员会、武术产业发展委员会、科研委员会、传统武术委员会、武术学校工作指导委员会和新闻委员会 7 个专业委员会。

首任主席李梦华、第二任主席董守义、第三任主席郑怀贤、第四任主席黄中、第五任主席徐才、第六任主席张耀庭、第七任主席李杰、第八任主席王筱麟、现任主席高小军。

中国武协的宗旨为：遵守中华人民共和国宪法、法律、法规和政策，遵守社会道德风尚，团结全国武术工作者和爱好者，调动一切积极因素，继承和发扬中华武术优秀文化遗产，倡导和普及群众性武术运动的开展，努力促进武术运动技术水平的提高，发展武术事业，积极稳妥地推动中国武术走向世界，为实施全民健身计划，增强人民体质，振奋民族精神，促进社会主义物质文明和精神文明建设服务。

重要赛事

世界武术锦标赛

世界武术锦标赛是世界武术界最高级别的国际大赛。每两年举行一届，由国际武术联合会主办，各武术会员国轮流举办。所有参赛的国家或地区都须为国际武术联合会的成员。各项比赛会采用国际武联的竞赛规则进行。

世界武术锦标赛比赛项目共两大类 31 个比赛项目。其中武术套路比赛包括男子长拳、南拳、太极拳、刀术、剑术、南刀、太极剑、枪术、棍术、南棍，女子长拳、南拳、太极拳、刀术、剑术、南刀、太极剑、枪术、棍术、南棍等项目。武术散手比赛只设男子比赛，包括 48 公斤、52 公斤、56 公斤、60 公斤、65 公斤、70 公斤、75 公斤、80 公斤、85 公斤、90 公斤、90 公斤及以上级共 11 个项目。

首届赛事于 1991 年在中国北京举行；第 2 届于 1993 年在马来西亚举行；第 3 届于 1995 年在美国举行；第 4 届于 1997 年在意大利举行；第 5 届于 1999 年在香港举行；第 6 届于 2001 年在亚美尼亚举行；第 7 届于 2003 年在澳门举行；第 8 届于 2005 年在中国举行；第 9 届于 2007 年在中国举行；第 10 届于 2009 年在加拿大举行；第 11 届于 2011 年在土耳其举行；第 12 届于 2013 年在马来西亚举行。

全国武术锦标赛

全国武术锦标赛是由国家体委举办的全国最高水平的武术竞赛，分武术套路团体赛、武术套路个人赛，武术散打团体赛、武术散打个人赛，太极拳、剑、推手三类比赛。1985 年以前，全国武术比赛不分团体赛和个人赛，统称为全国武术比赛。1977 年 8 月在内蒙古自治区举行的全国武术比赛，参赛和表演的拳、械套路有 60 多种，参赛单位有 27 个，运动员有 438 名。由于参赛运动员及参赛项目过多，不利于评定名次和裁判工作，也不符合体育公平竞争的原则，故自 1985 年开始，为促进各地优秀运动员运动技术的水平提高，全国武术比赛开始按团体赛和个人赛两种形式进行，上半年举行团体赛和个人资格赛，下半年举行个人赛。

中国武术职业联赛

中国武术职业联赛英文全称 WUSHU MASTERS ASSOCIATION，英文缩写为：WMA。2008 年 12 月 30 日，WMA 由中视体育娱乐有限公司发起正式宣告成立。它的定义是指在工商部门注册的俱乐部，通过契约形式完成的武术职业联赛赛事产品的生产机构。

WMA 由中央电视台体育节目中心、国家体育总局武术运动管理中心、中国武术协会、中国大学生体育协会主办，中视体育娱乐有限公司独家组织、运营和推广，是全面揭示中国武术技击技法的武术职业联赛。

WMA 的宗旨是继承、传承和发展中国武术所具有的千变万化的博击技巧与技法，充分揭示博大精深的中国武术文化，并将宝贵的武术文化遗产奉献给全世界。为还原传统武术的真实面目，打造有中国文化特色的搏击赛事品牌，WMA 采用圆形擂台赛形式，选手不分级别、不戴拳套，强调运用技击技法真打实斗。WMA 以"技术获胜"为崇高使命，将"严肃武术的攻防技法"视为最高原则。

作为中国第一个拥有自主知识产权、发端于中国本土的武术职业联赛，WMA 以技术性、趣味性、观赏性为核心，但同时它也具有完善、成熟的产业结构和产业链，是中国第一档真正具有产业链的职业联赛。WMA 将填补中国体育赛事市场化运作的空白，填补中国体育法中没有"体育产业"四个字的空白。

2009 年 6 月 13 日，WMA 中国武术职业联赛启动。2009 年 7 月 26 日，第一届 WMA 中国武术职业联赛在中国黄山正式拉开帷幕，来自全国的 6 家俱乐部，相聚黄山脚下，共进行了 42 天、19 场比赛，中央电视台体育频道进行了全程直播。2010、2011 两年时间内，WMA 这项职业赛事迅速发展壮大，分别在山东青岛、山西运城举办了 2010 年团体赛、2011 年明星赛等系列赛事，在当地产生了广泛的社会影响。

世界青少年武术锦标赛

世界青少年武术锦标赛，简称世青赛，是由国际武术联合会举办的世界级中华武术竞赛。大马彩是其主要赞助商。

首届世界青少年武术锦标赛于 2006 年在马来西亚的首都吉隆坡在蕉赖羽毛球馆内举行，参与的国家与地区有 40 个，共 354 名男女选手参赛。中华人民共和国有 18 名运动员参赛，10 人参加套路比赛，8 人参加散手比赛。

比赛包括套路比赛和散打比赛。首届锦标赛中共有 229 人参加套路比赛，争夺甲、乙两组共 36 枚金牌。散打比赛共有 125 人参加，争夺男、女共 12 个级别的冠军。

终极格斗锦标赛

终极格斗锦标赛（英文：Ultimate Fighting Championship，缩写：UFC）是美国的一项综合格斗赛事，起源于 20 世纪 90 年代。该赛事比赛的规则限制非常低。其徒手所使用的格斗技术包括拳击、跆拳道、功夫、巴西柔术、柔道、空手道、柔术、自由式摔跤、摔跤、踢拳道、古典式摔跤等多种类型，比赛场地为八角型铁笼，设有裁判一名，每局 5 分钟，共 3 局，以一方认输、失去意识或裁判中止比赛为结束，倘若 3 局后不分胜负，则以裁判决定输赢。

　　赛事初期有很多各个国家各个流派的格斗高手参加，留下了很多经典比赛，以巴西柔术闻名的格雷西家族在早期的比赛中取得一系列胜利，也出现过一些在其他赛事中不可能出现的比赛双方体格相差悬殊的比赛。早期的 UFC 因为过于暴力，曾经被美国参议员约翰·麦凯恩宣布为"人类斗鸡"，并大力推动禁止此项运动，但事后被人揭露他曾收受拳击运营商的竞选资金。到 20 世纪末，由于过于暴力导致的舆论压力，以及经营不善引发的经济压力，此项赛事一度陷入低谷，被日本的 Pride 赛事和 K - 1 赛事的锋芒压过。但在 21 世纪之初，由于转变比赛的组织思路，该项赛事逐渐有所起色，再次走上综合格斗赛事的一线舞台。

PART 11 精神礼仪

武术道德

武术道德，即武德，早在春秋时期左丘明所著的《左传》中就有"武德有七"的论述。以后随着时代的发展，武德的涵义也在不断地变化发展。过去，大多以"尊师重道，孝悌正义，扶危济贫，除暴安良"、"虚心请教，屈己待人，助人为乐"、"戒骄奢淫逸"等作为武德信条。武术的各拳种流派，也都订有自己的"门规"、"戒律"、"戒约"，并有"三不传"、"五不传"、"十不传"以及"八戒律"、"十要诀"等作为武德的标准。

武德在不同历史时期有着不同的原则和内容，并且随着社会的发展，时代的前进而不断变化。1987 年全国武术学术研讨会，将武德规范概括为"尚武崇德，修身养性"。当今时代随着武术运动的不断发展，现代武德把武德教育与爱国精神有机地结合在一起，将武德教育提高到塑造民族精神的高度，成为社会道德教育的重要组成部分。

一、武德基本原则及内容

（一）武德的基本原则

崇德尚武，发扬民族精神，是今天我们所提倡武德的基本原则。武德在发展过程中，从最初维护民族利益的道德观，到现在把国家、民族的利益放在首位，冲破单一、狭隘的道德意识，终于使尚武与尚德紧密结合，构成了中国民族精神的一部分。崇德是尚武的前提，尚武是崇德的反映，通过崇德尚武，最终要发扬"自强不息"、"厚德载物"的民族精神，为社会做出贡献。

（二）武德的主要内容

武德是习武者的道德规范和道德品质。它包含着以下十个方面的基本内容。

1. 武德高——爱国爱民，品德高尚。为武之道，以德为本。习武首先要重视武德的学习，要有好的思想品质，这是提高武技的前提。

2. 武旨正——强身健体，卫国防身。学习武术的宗旨要正确，练武是为了强健身体，掌握武技为人民服务，保卫国家和人民安全，绝非恃艺为非作歹，损害群众利益。

3. 武纪严——不斗凶狠，遵规守纪。有了一定的武术技能，不能逞凶斗狠，无事生非，应该遵守各项法规制度，做遵纪守法的模范，并能够主动同坏人坏事做斗争。

4. 武风良——尊师爱生，互研拳学。在武林同仁中，要形成一种老师爱护学生，学生尊敬老师，互相尊重，共同研习武术的良好风气，为武术的发展贡献出一份力量。

5. 武礼谦——抱拳行礼，谦和礼貌。无论习武者之间，还是与其他人之间，都应该以礼相待，有礼有节，平易近人，谦虚诚恳，不能出口不逊，得意忘形，败坏武德。

6. 武志坚——意志坚强，百折不挠。武术，是一项内容繁多，技术性较高的运动项目，学习起来有一定难度，这就要求习武者有坚强的意志，不怕困难，立志为武术事业献身。

7. 武学勤——拳不离手，勤学苦练。要学习好武术，就应该拳不离手，坚持不懈地朝演夕练，勤学苦练。历史上武术有所成就的人，都是勤学的结果，只有这样才能学习好武术。

8. 武技精——钻研武技，精益求精。"艺无止境"，武术博大精深，内涵丰富，非一朝一夕所能穷尽，必须刻苦钻研，不断进取，精益求精，才能使武艺精湛。

9. 武仪端——举止庄重，容端体正。习武者应该仪表端正，举止文雅，表现出气宇轩昂的精神风貌，不能衣装不整，体态不端。

10. 武境美——环境优美，井然有序。练习武术，要主动保持练习场地、生活环境的卫生，特别是训练场地、衣物、器件等要摆放整齐，爱护公物，让习武环境、生活环境优美整洁。

二、武德的基本要求

（一）武术学生武德基本要求

武术学生"十不可"：不可轻师；不可忘义；不可逞斗；不可欺人；不可酗酒；不可赌博；不可吸烟；不可戏色；不可炫耀；不可无礼。

（二）武术教师基本要求

武术教师"五不传"：人品不端者不传；人无恒心者不传；不知珍重者不传；心险好斗者不传；轻浮外露者不传。

武术礼仪

武术礼仪是习武者应共同遵守的最基本的道德行为规范，是习武之人文明礼貌的一种体现。这些礼仪体现了武术的精神，广泛用于武术竞赛和武术活动中。武术礼仪包括基本礼仪、竞赛礼仪和表演礼仪。

基本礼仪

一、徒手礼

徒手礼是双手不持械时，徒手所行之礼，是在武术竞赛、表演、训练活动中最常用的礼节，包括抱拳礼和鞠躬礼两种。

1. 抱拳礼

行抱拳礼时，并步站立，右手成拳；左手四指并拢伸直成掌，拇指屈拢，左掌心掩贴右拳面（左指根线与右拳棱相齐），左指尖与下颏平齐；右掌眼斜对胸窝，置于胸前屈臂成圆；肘尖略下垂；拳掌与胸相距20厘米至30厘米。头正、身直、目视受礼者；举止大方。

抱拳礼的含义是左掌表示德、智、体、美、劳"五育"齐备，屈拇指表示不自大；右掌表示勇武顽强；左掌掩右拳，表示"勇不滋事"、"武不犯禁"；左掌、右拳拢屈，两臂环抱成圆，表示以武会友，五洲四海，天下武林是一家；左掌为文，右拳为武，表示文武兼备。

2. 鞠躬礼

行鞠躬礼时，并步站立，两手垂置于体侧，手心向内贴于腿的外侧，上体向前倾斜15°。鞠躬礼一般在见到师长或领导时使用，或在表演、比赛演练结束时使用。

二、持械礼

持械礼指手中持有武术器械时所行之礼，在器械武术套路的表演、训练和比赛活动中常用到的有抱刀礼、持剑礼、持枪礼和持棍礼等。

1. 抱刀礼

行抱刀礼时，并步站立。左手抱刀，屈臂使刀斜横于胸前，刀背贴于小臂上，刀刃向上；右手拇指屈拢成斜侧立掌，以掌根附于左腕内侧；两腕部与锁窝同高，两臂外撑，肘略低于手。目视受礼者。

2. 持剑礼

行持剑礼时，并步站立。左手抱剑，屈臂使剑身贴于小臂外侧，斜横于胸前；右手拇指屈拢成斜侧立掌，以掌根附于左腕内侧，两腕部与锁窝同高，两臂外撑，肘略低于手。目视受礼者。

3. 持枪礼

行持枪礼时，并步站立。一手握枪把端三分之一处，屈臂置于胸前；枪身直立，枪尖向上，另一只手拇指屈拢成斜侧立掌，以掌根附于另一手腕内侧，两臂外撑，肘略低于手。目视受礼者。

4. 持棍礼

行持棍礼时，并步站立。一手握棍把端三分之一处，屈臂置于胸前，棍身直立，棍梢向上，另一只手拇指屈拢成斜侧立掌，以掌根附于另一手腕内侧，两臂外撑，肘略低于手。目视受礼者。

竞赛礼仪

一、运动员礼仪

套路运动员听到上场比赛的点名时，应向裁判长行"抱拳礼"。然后走到裁判长的右侧半场完成相同方向的起势和收势。听到宣布最后得分时，也应向裁判行"抱拳礼"，以示答谢。

散打运动员上场当被介绍时，先面向裁判长原地行"鞠躬礼"；再转向观众行鞠躬礼。场上裁判检查护具完毕，双方运动员面对，互行"鞠躬礼"。比赛结束，双方运动员上场。当听到宣布最后胜负时，应先向裁判长行"鞠躬礼"，然后转向观众行"鞠躬礼"，再面向对手行"鞠躬礼"。

二、裁判员礼仪

裁判员穿着统一的服装，佩戴统一的裁判标志。比赛开始，广播员介绍技术监督委员会成员时，起立行"抱拳礼"；介绍仲裁委员会时，被介绍者原地行"抱拳礼"；当介绍总裁判长、裁判员时，被介绍者左脚向前一步，右脚跟上并步站立，行"抱拳礼"。礼毕，右脚后退一步，左脚向后与右脚并步站立。

在比赛开始或结束时，当运动员向裁判长行"抱拳礼"或"鞠躬礼"时，裁判长应点头示意，以示还礼。

表演礼仪

一、表演者在表演开始前，都应向主席台的贵宾、领导和现场观众行"抱拳礼"或"鞠躬礼"；表演结束后，行"鞠躬礼"。

二、武术活动中，被人介绍时，应行"抱拳礼"或"鞠躬礼"。

三、武术器械递接方法，递接器械是武术外在形象的一个重要方面。向对方递交器械时，刀尖、剑尖向下。切忌刀尖或剑尖指向对方。枪、棍垂直离地约 20 厘米递给对方。切忌枪尖朝向对方，以失礼节。

全民阅读
体育知识读本
QUANMIN YUEDU TIYU ZHISHI DUBEN

PART 12 明星花絮

传统名家

孙禄堂

孙禄堂（1860—1933 年）名福全，字禄堂，晚号涵斋，别号活猴。河北望都县东任疃村人，清末民初蜚声海内外的著名武学大家，堪称一代宗师，在近代武林中素有虎头少保，天下第一手之称。

孙禄堂

孙禄堂天资聪颖，勤奋好学，9 岁丧父，家中一贫如洗，由老母抚养成人。他喜爱武术，曾拜一位江湖拳师学习少林拳术，时间虽短，但他好学苦练，练得一身好功夫。11 岁时背井离乡，去保定一家毛笔店做学徒。13 岁时孙禄堂拜河北省名拳师李魁元为师，学习形意拳，同时文武兼学。两年后，孙的武艺出类拔萃，李魁元便把他推荐给自己的师傅郭云深继续深造。不久他便把形意拳的真功学到手。他对武术有一种天生的热爱，继续寻师学艺，到北京跟八卦掌名师程廷华学艺，由于孙禄堂本来功底深厚，又得程师竭力指教，苦练年余，尽得八卦掌的精髓。为使他经风雨见世面，广识神州武林各派之精华，追本求源，挣脱师法樊篱，日后自成一家，便诚恳地劝他离师门去四海访艺。

1886 年春，孙禄堂只身徒步壮游南北 11 省，期间访少林，朝武当，上峨眉，闻有艺者必访之，逢人较技未遇对手。1888 年他返归故里，同年在家乡创办了蒲阳拳社，广收门徒。

1907 年，东三省总督徐世昌久闻孙禄堂武功绝伦，由此聘他为幕宾，同往东北，1909 年孙随徐返回北京。1912 年孙禄堂在北京遇太极名家郝为真。郝将自己所习太极拳之心得传于孙禄堂。此时孙禄堂武功卓绝，德高望重，誉满京城。1918 年孙禄堂终于将三家合冶一炉，融会贯通，革故鼎新，创立了孙氏太极拳，卓然自成一家。同年徐世昌请孙禄堂入总统府，任武宣官。

1928 年 3 月，南京中央国术馆成立，孙受聘为该馆武当门门长，7 月，又被聘为江苏省国术馆副馆长兼教务长。孙禄堂晚年，正值列强环伺，国力衰微，民族危亡日趋严重，在外侮面前，孙大义凛然，在他年近半百时，曾信手击昏挑战的俄国著名格斗家彼得洛夫，年逾花甲时，力挫日本天皇钦命大武士板垣一雄，古稀之年，又一举击败日本 5 名技术高手的联合挑战，故在武林中不虚有虎头少保、天下第一手的美称。

孙先生教学循循善诱，其弟子较著名者如：靳云亭、李润如、陈微明、沙国政等，其子孙存周，其女孙剑云亦均能传其父业。先生一生弟子众多，遍布海内外，小女孙剑云女士是曾任孙氏太极拳研究会会长，孙氏太极拳的第二代掌门人。1915 年到 1932 期间，孙禄堂除撰写了《太极拳学》外，还先后著述《形意拳学》、《八卦掌学》、《拳意述真》、《八卦剑学》、《论拳术内外家之别》等重要专著和文章。1933 年冬天他无疾而终，享年 73 岁。

杨露禅

杨露禅（1799—1872），名福魁。河北广府（今永年县）人。他曾经在陈氏太极拳传人陈长兴师徒练习太极拳时，在一旁观看，久而久之，竟然自学的很好。后来杨露禅被陈师傅发现，见其是可造之才，不但没有怪罪他，反而大胆摒弃门户之见和江湖禁忌，和陈德瑚商量，准其在业余时间正式学习太极拳。

杨露禅正式拜师后，18 年中三下陈家沟，深得陈式太极拳第六代传人陈长兴先生所传精髓。学成之时，他已是 40 岁左右的人了。为了生活，他先在家乡永年教授太极拳，后被人推荐去北京授徒。因武艺高强，号称"杨无敌"。他在北京授拳时，弟子多为王公大臣，贝勒贵族，生活奢侈而体弱多病，又不耐艰苦。杨露禅考虑到这些人的身体素质和保健需要，将自己所学太极拳中的一些高难度功架简化，使姿势较

杨露禅

为简单，动作柔和易练。简化后的太极拳适合穿长衫的人练习，具有明显的健身性。后经其子、孙修改，定型而成杨式太极拳，并发展成大小两种套路。其特点是：柔和缓慢、舒展大方、速度缓匀、刚柔内含、深藏不露、轻沉兼有。此拳被创制出来后，在京、津一带影响很大，学习的人越来越多，而这时陈家的太极拳却仍在陈姓内部传递，所以当时的武术传人杨季子写的诗中，有"谁料豫北陈家拳，却赖冀南杨家传"的句子。

光绪皇帝的老师翁同龢大学士在观赏过杨式太极拳后大加赞赏，说杨露禅"进退神速、虚实莫测、身似猿猴、手如运球，犹太极浑圆一体也"，并书赠对联"手捧太极震寰宇，胸怀绝技压群英"。自此以后，他所创之杨式太极拳名满天下，使太极拳从民间武术登上了华夏武术的大雅殿堂，成为国粹。

杨露禅过世后，太极拳传给儿子杨班侯、杨健侯，再传其孙杨澄甫，杨澄甫对杨式太极拳做了进一步的修定。杨氏太极拳由于从学者众，对后代影响很大。因而也衍生了许多杨氏的支派，最为著名的有王氏太极（王壮弘）、郑氏太极拳（郑曼青）、熊氏太极拳（熊养和）、董氏太极（董英杰）、田氏太极（田兆麟）、李氏太极拳（李瑞东）、府内派、老六路等等。

现在太极拳流行的就是杨氏太极拳大架，有 108 式，46 式，竞赛 48 式。

此外，杨露禅在京城所传第一个套路"太极拳六十四式老架"，由杨露禅大弟子王兰亭传给李瑞东及周玉祥，周玉祥为纪念王兰亭遁入深山道门，改名为"王道人太极拳六十四式"传吴锦园，吴锦园迁台后传叶金山，人称王府皇家太极拳。

叶 问

叶问（1892—1972），其本名为叶继问，佛山桑园叶族人，祖籍为罗村联星潭头村人，其父亲因避"红头军"之乱，才搬往佛山桑园居住。

叶问 7 岁时，便拜师入陈华顺门下（陈华顺，为南海拳王梁赞的得意弟子，入门前以钱银找换业为生，人称之为找钱华）。当时陈华顺年事已高，与叶问年龄相差 40 岁之多，故叶问也以华公相称，而陈华顺对此年幼弟子极为疼爱，自收叶问为徒后，则不再接受任何人士拜门学技，叶问成为陈华顺封门弟子，各年长师兄如吴仲素、陈汝棉、雷汝齐等，对此年幼师弟，更是照顾有加。华公逝世后，叶问再随师兄吴仲素钻研拳技。到叶问 16 岁那年，远离佛山，赴香港学习外文。后随梁壁（梁赞之子）学武。1950 年赴香港，在港九饭店职工总会内传授咏春拳术，从而一举成名。

叶问

当代杰出青年诗词学者申宝峰很精练的概括了咏春拳的精要。"武林绝学数咏春，刚柔相济泣鬼神。寸劲突发人难躲，凤眼柳叶夺人魂。"叶问正是以寸劲的微妙力道屡屡获胜，以凤眼拳和柳叶拳之长成为真正的功夫良才、伟大的武术家。其徒弟除总会及分会的会员、港九各地的中国工人外，还有在港的外国留学生。叶问以一人之力，把咏春拳推广到世界各地，故被门人推举为一代宗师。

叶问成长的年代，中国人被外国人称为东亚病夫，一次叶问经过某公园入口处，看到门口竟然写着"华人与狗不得入内"的告示牌，叶问为了民族正义，一脚把告示牌踢了个粉碎。还有一次叶问看见七八个外国海员当街欺辱妇女，一向喜欢打抱不平叶问上前制止，与七八个外国大汉站在一处，但双拳难敌四手，不到几个回合就渐落下风，就在此时一个青年人大喊一声挤入围观的人群，同叶问一同合战外国大汉，最终打得七八个外国人人仰马翻落荒而逃，此青年人正是梁赞之子梁壁。得知眼前的正是咏春大师梁赞之子，叶问当即拜其为师，因而有缘再随梁壁深造咏春拳技，两三年后，叶问已经把咏春拳练得炉火纯青。

民国初年，被誉为中国四大镇的佛山，每年都流行"秋色"游行盛会，以展示特殊的民族手艺，每年游行都是人山人海，更有来自外乡游客。在一次的"秋色"游行中，叶问与其表妹数人共观"秋色"游行，突然有一个当地的军阀排长对其表妹做出极为不礼貌的行为，当时叶问身穿长衫，脚登软底鞋，是一身公子打扮，而且体形并不高大，看起来斯斯文文，所以对方更加色胆包天，上前欲对其表妹动手动脚，这时，叶问突然挺身，以惯用的咏春拳手法擒拿击打对方，敌手应身倒地，一向欺压百姓的地方军阀，却突然败在一个斯文书生手下，心生怒火，起身拔枪，叶问一个转马泻身，以极快的手法握住对方的左轮手枪，并以其大拇指的力量，直压左轮手枪的转轮，使其不能发射。

日军攻占佛山后，叶问的过人功夫，早被日本宪兵队闻悉，欲邀请担任宪兵队的中国武术教练，被叶问断然拒绝，日本宪兵队于是指派武术高手与叶问比武，言明若叶问被打败则听命差使，在无法拒绝的情况下，叶问接受比武。挑战者人高马大，叶问摆出咏春桩手，二字钳羊马，以静制动，对方抢先出手后，叶问即变前锋的桩手为耕手，并同时转身跪马，拿正对方前腿之后膝位，迫使对方突然失去重心，对方虽未中招，却是败相毕露，叶问也点到为止，及时收马，跳出比武画地。比武后的叶问，担心激怒日本军阀，暂离佛山，暗助中国敌后抗日人士的各项行动。

1949年，叶问来到香港，由好友李民之推介，认识饭店公会理事长梁相，梁相也是武术爱好者，可说是武林中人，曾习龙形摩桥，得知叶问为咏春拳陈华顺门人，即行拜师学技，并请叶问在九龙深水的大街饭店公会公开传授，当时除李民、梁相外，尚有骆耀以及其外甥卢文锦等，不到十人，而李民与叶问早已是世好，可说是亦师亦友，以后有叶步青、徐尚田……等相继投入，由于求技者日渐增加，当时投入学技的，以九龙巴士同人为最。由于求学咏春拳技连绵不断，为了有更大的空间和场地，叶问再三迁换场地于九龙利达街、李郑屋村、九龙兴业大厦，并分出晚间若干时段，到其他地方执教，使咏春拳技推遍九港九每个角落。

咏春拳术从一套女儿家的自卫术发展到实战技击之上，并在数十年间急速发展，将咏春拳从佛山发展到世界每个角落，成为国际间享负盛名的中国武术，亦是现今最多外国人研习的中国武术。叶问对咏春拳的研习与推广为中华武术在世界上的传播起到了重要的作用，中国武术界公认咏春拳"起于严咏春，衍于梁赞，盛于叶问！"

霍元甲

霍元甲（1868—1910年），字俊卿，中国清末著名爱国武术家，祖籍河北省沧州市东光县安乐屯，出生于河北省静海县小南河村，出身镖师家庭，排行第二。

父亲霍恩第以保镖为业，武艺高强，生有三个儿子：霍元英、霍元甲、霍元武。霍元甲幼年体弱，在27岁以前基本上生活在故乡，时常挑柴到天津去卖。28岁后到天津当上码头装卸工，后来在农劲荪开设的怀庆药栈当帮工，升任掌柜。1909年，41岁的霍元甲，由农劲荪介绍来上海，接受由陈公哲、陈铁生所创办"精武体操会"中主教武术。

霍元甲武艺出众，名闻海内，又执仗正义，抱着为国雪耻，振奋民族的强烈愿望，在天津和上海，先后同俄、英洋力士比武，并打败外国洋力士，为中华民族争得了荣光，令国人扬眉吐气，欢欣鼓舞。

霍元甲

1890年秋天，霍元甲打败了一个找上门来比武的武师，有了"武艺高强"的名声。之后，由于喜欢行侠仗义，霍元甲逐渐在天津一带有了名气。霍元甲在脚行（搬运工自发的组织）做过管事，后来又到天津城北门外怀庆药店打工。在药店干活期间，他能挑动千斤药材，力推两个大青石碌碡，人们送给他一个绰号："霍大力士"。

在怀庆药店打工时，霍元甲结识了药店掌柜农劲荪。农劲荪曾留学日本，知识渊博，他常给霍元甲讲一些中外故事，使之大开眼界，明白了不少道理。

1901年，有个叫斯其凡洛夫的俄国大力士来到天津戏园表演，他声称："打遍中国无敌手，让东亚病夫们见识见识，开开眼界。"霍元甲找上农劲荪，到戏园和斯氏比武。当斯其凡洛夫私下了解到霍元甲武功高强时，决定妥协。到约定比武那天，斯其凡洛夫临阵求饶，说："我只是来天津表演的，我说的那些话不算数。"霍元甲让他登报认错，斯氏只好应允，随后很快离开了天津。

1909年，英国大力士奥彼音在上海摆下擂台，讥讽中国人是"东亚病夫"，上海民众十分不满，但又无人敢应战。农劲荪从报上得知此消息，遂向上海知名人士、同盟会员、革命党人陈其美推荐了霍元甲。

霍元甲一到上海，上海各大报纸用大号字体刊登消息。霍元甲挑战奥彼音，奥和霍约定比武中不得使用指戳、足勾等中国武术技法，并约期在张园公开比赛。但到了比赛时间，却不见他的踪影，原来奥彼音已逃之夭夭。

1910年9月，日本柔道会对霍元甲吓跑俄、英大力士之事，很不服气，便挑选了十几名高手，找霍元甲较量。霍先让他的徒弟刘振声上场，刘以静制动，连胜对方五人。日领队非常恼火，自恃技艺纯熟，点名与霍元甲较量。双方刚一交手，日领队便知对手厉害，他企图黑手伤人，但被霍识破。霍元甲虚晃一招，用肘急磕其臂，日领队骨折，只好认输。

张园擂台比武虽没打成，但在上海掀起了习武热潮，各大学校蜂拥而至，邀请霍元甲及其弟子去讲习武术。这一时期，有一人对霍元甲影响很大，促成了霍元甲从讲求传统武德，向武术救国转变。这个人，就是霍元甲青年时代的知己农劲荪。

霍元甲是在脚行干活时认识农劲荪的。当时的农劲荪是孙中山手下的革命者，在天津开办怀庆药栈，以采药为由掩护革命。农劲荪早年留学日本，通外语，有学问，也爱好武术。据后人回忆，孙中山希望农劲荪结交一些武术名家，为推翻满清统治作准备，而霍元甲渴望学知识，所以两人一见如故，成了莫逆之交。

1910年6月1日，霍元甲在农劲荪等人帮助下，在上海创办了"中国精武体操会"（后改名精武体育会）。在寻求救国的道路上，霍元甲迈出了很不容易的两步：第一是打破家规，开始收外姓人为徒。霍家七代家传绝技迷踪拳，向来是不传给外姓人的，为救国，霍元甲破了家规；第二是把迷踪拳改为迷踪艺，让花哨的套路变得更实用，以便让人们能够尽快掌握要领，学会防身。这说明了霍元甲在弘扬中国武术以自强救国的理念上深有见识。

迷踪艺以霍家绝技为基础，又囊括了各派之精华。虽然不太难学，但是要练好是十分不易的。其特点是柔中有刚，迈步如猫，急如闪电。与人交手时，往往对方还没有看清门道就被击倒，令对手眼花缭乱，迷失踪迹，因此得名。孙中山先生对霍元甲将迷踪拳公之于世的高风亮节非常赞许，亲笔写下了"尚武精神"四个大字，赠送给精武体育会。霍元甲为传播中华武术、振奋民族精神做出了积极的贡献。

为了纪念霍元甲，其出生地河北省静海县小南河村（今属天津市西青区南河镇）自2009年1月18日起更名为精武镇。

当代高手

柳海龙

柳海龙可以说是当代中国散打的代表人物。他 1980 年出生于山东，13 岁开始习武，后来被选入山东散打队受训。

柳海龙初出茅庐就在全国散打锦标赛中战绩显赫：1999 年获 75 公斤级第三名；2000 年获 75 公斤级第一名；2001 年再获 75 公斤级第一名；2002 年获 80 公斤级第一名。他成为中国散打明星是在 2000 年度举办的第一届中国武术散打王争霸赛上，他在那届比赛夺得了 75 公斤级冠军并荣获"散打王"称号，此后还获得了"超级散打王"称号。他还在中国功夫 VS 泰国职业拳王争霸赛中两胜泰国拳手，

柳海龙

在中美自由搏击对抗赛中击败美国选手，名声大振。

2000 年 7 月 8 日，在第一届中国武术散打王争霸赛第 16 周比赛中，他在第三回合优势战胜广西"铁笛仙"韦庭锋。进入第二阶段八强循环赛后，战胜河南"神行太保"张顺；战胜上海体院"上海追魂剑"高顺德；战胜湖南张鹤松（张鹤松因伤弃权，柳海龙不战而胜），以积 9 分名列 75 公斤级第二小组第一的身份晋级四强。进入第三阶段冠军争夺赛后，战胜浙江"玉面小达摩"郑裕嵩晋级决赛圈。12 月 16 日，在第 39 周比赛中战胜北京体育大学的"白眉大侠"苑玉宝获得了散打王争霸赛 75 公斤级冠军。12 月 28 日在长沙举行的 2000 年度中国武术散打王争霸赛总决赛中，荣登中国有史以来第一个散打王的宝座。

此后柳海龙取得一系列佳绩，他荣获 2002 年中泰对抗赛"金腰带"，2002 年中国武术散打王争霸赛"超级散打王"称号，取得 2002

年第一届世界杯武术散打赛 80 公斤级冠军成绩，2003 年战胜散打王宝力高再度成为中国超级散打王，2004 年 1 月 2 日获得 2003 年度重量级散打王。

柳海龙成名后，开始有国外搏击徒手向其下战书挑战，伊贺弘治是日本"修搏"搏击赛选手，在日本有"修斗名将""日本 KO 王"之称，绰号"樱花追命腿"。在多场职业比赛中取得过优秀成绩，在日本 80 公斤级别中排名第二。对于有着中国散打王称号的柳海龙，伊贺弘治一直比较在意。2008 年 3 月 12 日，伊贺弘治在广州向柳海龙递上自己亲笔书写的战书。并提出 2008 年 5 月份比赛。2008 年 11 月 20 日，柳海龙在新闻发布会上表示，他将复出接受日本拳手伊贺弘治的挑战，参加 2009 年 1 月 10 日在广东举行的中国武术搏击俱乐部赛暨柳海龙国际搏击争霸赛。北京时间 2009 年 1 月 10 日，柳海龙国际搏击争霸赛将在佛山岭南明珠体育馆正式开打，柳海龙 3∶0 完胜伊贺弘治。

杨建平

杨建平 1988 年生于湖南常德。11 岁在株木山中学就读初一，当时跟随郭大鹏老师练习标枪、铅球、铁饼及 3000 米长跑，初二暑假郭老师将杨建平送入汉寿体校韩龙手中学习古典式摔跤；16 岁时入长沙体院，先后学过田径、摔跤、拳击、散打、巴西柔术，毕业于西安体育学院，体育教育学士，现为国家级运动健将。

杨建平最早接受的是古典摔跤的训练，古典摔跤注重身体重心的控制与反控制，发展动作的协调和全身的力量。除了古典摔跤，杨建平还学习了自由式摔跤，这段经历为杨建平日后参加综合格斗打下了坚实的基础。练习摔跤半年后，湖南省省体院拳击队到体校选后备人材，全国拳击冠军张广成教练一眼就相中了身体条件出色的杨建平。2001 年底杨建平作为省队队员来到长沙省体院改行练起了拳击。杨建平的天赋和努力得到回报，仅练习拳击一年的他在 2002 年 12 月就获得湖南省拳击锦标赛 54 公斤级冠军，随后在 2003 年 8 月获得南北明星拳击挑战赛 58 公斤级第 2 名。具备了细腻的拳法技术和摔跤功底，2003 年 11 月杨建平被选入了陕西省散打队，跟随中国著名教练张广成、张根学练习散打，系统接受拳、腿、摔技术的训练，仅仅 9 个月后他就获得了在西安获得陕西省省运会男子散打 60 公斤级冠军，成为一名散打"超级黑马"。2005 年 8 月杨建平蝉联了陕西省省运会男子散打 60 公斤级冠军宝座。2007 年杨建平开始在《英雄榜》擂台上展露头角，这一年他赢得四场比赛胜利，并在西安中国"散打之王"搏击对抗赛连胜四场，获得 65 公斤级冠军。2008 年，杨建平赢得了全国散打争霸赛 65 公斤级冠军，并在深圳世界武术散打搏击争霸赛连胜 4 场获得 65 公斤级总冠军。11 月份杨建平在世界 MMA 锦标赛夺得 70 公斤级冠军。诸多赛事的磨练让杨建平以过人的实力和出色的战绩脱颖而出，成为中国新生代 MMA 选手中的佼佼者。

在近几年的比赛中，杨建平陆续击败了日本、乌兹别克斯坦、泰国、蒙古国、欧洲等多个国家的散

杨建平

打、柔道、泰拳、柔术冠军和金腰带得主，在他参加的国内外各项大赛上，用他的狂野帅气和智慧，谱写了中国综合搏击的神话，获得了无数拳迷和观众的支持，人称"狂野小霸王"。

艾米连科

菲多·艾米连科于 1976 年生于俄罗斯，他的家庭背景与格斗似乎毫无关系，他母亲是老师，他的父亲则是一个焊工。在如此平凡与普通的家庭中，诞生出一个世界为之瞩目的格斗高手。

艾米连科从小就喜欢一种叫"桑搏"的格斗武术，俄罗斯的桑搏世界闻名，实战桑搏是一种包括了踢、打、摔以及丰富地面关节技术的综合武术。菲多从小练习桑搏和柔道，虽然他的身体条件并不十分出众，但他对格斗有着超常的领悟能力和娴熟的技术优势，艾米连科获得俄罗斯桑搏冠军，又被选为俄罗斯国家柔道队成员。

成年后的艾米连科身高 183 公分，体重 106 公斤，这在重量级的选手中只能属于是中等个子，这样一位看似普通的俄罗斯人武术运动员却创造了 MMA 历史上的一个又一个奇迹。

2002 年菲多出战日本最高水准综合格斗赛——Pride 擂台赛，当时这一赛事汇聚了世界许多的顶尖选手，菲多以自身的表现迅速成为世人注目的焦点。菲多在比赛中战胜了前大名鼎鼎的 K-1 三冠王——身高 211 公分的"巨神兵"萨米，萨米犀利的膝法在菲多精湛的摔法面前完

艾米连科

全哑火，在比赛中几乎无法稳定的站立，三回合多次被比自己矮近 30 公分的菲多扭倒在地，最终判定失利；而 Pride 赛事中以击打著称的明星"德克萨斯疯马"海尔斯也在菲多出色的地面打击中失利。连胜好手的菲多后来获得了挑战重量级冠军"牛头人"安东尼奥·罗德里奥的资格，在那场比赛中，菲多的俄罗斯式地面砸拳让罗德里奥饱受重击，最终让出重量级王者的头衔，艾米连科顺利加冕第二代 Pride 赛事重量级王者。之后艾米连科展现出了一个格斗高手的气势，把一个个强有力的挑战者斩落马下，他用 4 分 17 秒裸绞了日本重量级领军人物藤田和之；用 54 秒十字固制服了柔道世锦赛冠军小川直也；三番打败安东尼奥·罗德里奥的挑战。2005 年在 Pride 武士道 6 比赛中以一个 TKO 打败了老对手高阪刚。一大批高手都在挑战王者的路上失意而归。

2007 年 12 月 31 日艾米连科与韩国重量级格斗高手崔洪万的较量。崔洪万身高 218 公分，体重 160 公斤，比艾米连科高 35 公分，重 54 公斤，具备明显的身体优势。崔洪万身为历年 K-1 赛事的高手，其打击技术和身体灵活性也非常好，并且以前还是韩国摔角选手，对于摔法也十分内行，此战对于艾米连科来说，几乎可以说是一次挑战。比赛开始后，崔洪万的巨人之躯给艾米连科造成了很大压力，双方的身材差异如同大人与儿童，几十公分的臂展差距让菲多的拳法无法顺利发挥，而 50 公斤的体重差异也让菲多的摔法显得异常困难。面对 160 公斤的巨人式的攻击，艾米连科沉着应战，再次展现出他精湛的技术和过硬的心理素质，不但利用身体和头部移动充分躲开对手由上向下的攻击，更不可思议抓住机会抽身对崔洪万送到眼前的手臂施展了凌空的十字固，成功锁住对手的手臂，1 分 54 秒制服对手获胜，证明了自己强大的战斗力。

PART 13 历史记录

一九五三年

11 月 8 日至 12 日，在天津举行了全国民族形式体育表演及竞赛大会。武术是这次大会的主要表演项目之一。有 145 名运动员进行了 332 个武术项目表演。

一九五七年

6 月，全国武术表演评比大会在京举行，27 个省、自治区、直辖市 183 名男女运动员参加。

一九五八年

9 月，全国武术运动会在北京举行，27 个单位的 260 名运动员参加比赛。

9 月，中国武术协会在京成立。李梦华任主席。之后，在上海、天津、浙江、四川等 18 个省、直辖市相应成立了省、市武术协会和研究会。

一九五九年

9 月 1，第一届全国运动会在京举行，设有武术比赛项目和表演项目。共有 25 支代表队，127 名运动员。

一九六五年

9 月，第二届全国运动会在京举行，武术被列为表演项目。有 17 支代表队，78 名运动员参加，进行了 260 多项表演。

一九七五年

9 月，第三届全国运动会在京举行。武术被列为竞赛项目。参赛的有 28 支代表队，380 名运动员。北京李连杰和安徽陈道云分获男女全能冠军。

一九七九年

5 月，首次全国武术观摩交流大会在广西壮族自治区南宁市举行。31 个单位的 284 名运动员表演了 510 项各拳种流派的武术项目。

9 月，第四届全国运动会在石家庄市举行。有 28 支代表队，336 名运动员参加表演。散手项目首次进行了公开的表演。

一九八一年

5 月，全国武术观摩交流大赛在山西太原举行。

5 月，在辽宁省举行的全国武术观摩交流大会上，北京体育学院队与武汉体育学院队首次公开进行散手对抗表演赛。

一九八二年

9 月，由江苏省主办的中国武术国际友好邀请赛在南京举行，来自美国、加拿大、菲律宾、中国香港和中国的 5 支代表队 41 名运动员参加。

一九八三年

5 月 19 日至 23 日，在江西省南昌市召开 29 个省、区、市、体协及 6 所直属体育院校参加的全国武术挖整工作会议。

9 月，第五届全国运动会在上海举行，武术列为表演项目。有 29 支代表队的 189 名运动员参加。

一九八五年

8 月，第一届武术国际邀请赛在西安市举行，16 个国家和地区的百余名选手就 8 个比赛项目进行角逐。

一九八六年

11 月，第二届国际武术邀请赛在天津举行，20 个协会国 145 名运动员参赛。

一九八七年

9月，第一届亚洲武术锦标赛在日本横滨举行。

11月，在广东省举行的第六届全国运动会上，武术正式列为比赛项目，设金牌16块。

一九八八年

9月，在全国武术散手、太极推手比赛上，散手项目首次进行设台比赛，自此，武术散手以擂台形式进行比赛被确定下来。

一九八九年

10月，首次全国武术散手擂台赛在江西宜春市举行，来自全国26支代表队的146名运动员参加比赛，这是散手项目首次正式比赛。

12月，第二届亚洲武术锦标赛在香港举行，来自14个国家和地区的104名运动员参加比赛。

一九九〇年

10月，在第十一届亚运会上，武术被列为正式比赛项目，有11个国家和地区的96名男女运动员参加了比赛。

10月，国际武术联合会在京正式成立，会员国38个，李梦华任主席。

一九九一年

10月，第一届世界武术锦标赛在京举行，比赛分套路比赛和散手表演赛，有40个会员国和地区的500多名运动员参赛。

一九九二年

11月，第三届亚洲武术锦标赛在韩国举行，散手被列为表演项目。

12月，第二届全国老革命根据地武术比赛在广东汕尾市举行，有32支代表队295名运动员参加比赛。

一九九三年

5月，首届东亚运动会在上海举行，武术被列为正式比赛项目。来自中国、日本、中国台北、香港、韩国、蒙古、澳门7个国家和地区的

65 名男女运动员参加了 12 个项目的比赛。

8 月，第七届全国运动会武术比赛在成都举行，设武术比赛项目，金牌 7 枚。

11 月，第二届世界武术锦标赛在马来西亚首都吉隆坡举行，来自世界五大洲共 53 个国家和地区的 600 多名运动员参加了比赛，散手第一次列为正式比赛项目。

一九九四年

8 月，中华武术散手擂台争霸赛决赛在广州举行，产生出中华人民共和国建立以来第一个"武状元"。

10 月。第十二届亚洲运动会在日本广岛举行，武术列为正式比赛项目。有 14 个国家和地区的 78 名运动员参加比赛，中国武术队获 5 枚金牌。

一九九五年

8 月，第三届世界武术锦标赛在美国巴尔的摩举办，来自 56 个国家及地区会员国 886 名运动员参赛。

12 月，第二届全国武术之乡武术比赛在广东省肇庆市举行，来自全国 35 个武术之乡的 29 支代表队参加了比赛。

一九九六年

11 月，第四届亚洲武术锦标赛在菲律宾首都马尼拉举行。来自亚洲 19 个国家和地区的 186 名运动员参赛。

一九九七年

10 月，第八届全运会在上海举办，设武术比赛项目，金牌 15 枚。
11 月，第四届世界武术锦标赛在意大利罗马举行。

一九九八年

12 月，第 13 届亚运会在泰国曼谷举行。设有武术项目，金牌 11 枚。至此，中华武术被列为该会的正式比赛项目。

一九九九年

5 月，首届国际传统武术暨绝技大赛在浙江省台州市举办。24 个国家和地区180多名运动员分别参加了5个项目比赛。其中水上擂台、武术功法（绝技）、木兰拳规定套路是第一次列入全国比赛。

11月，第五届世界武术锦标赛在香港举行，59个会员国的367名运动员参赛。

12月，中国功夫－美国拳击争霸赛在美国拉斯维加斯举行。中国队以7:2总分取得胜利。

二〇〇〇年

3月，中国武术"散打王"争霸赛在京拉开序幕。"散打王"争霸赛是武术竞赛体制改革和走向市场的重要一步。

11月，第5届亚洲武术锦标赛在越南河内举行。

二〇〇一年

3月，届世界太极拳健康大会在海南省三亚市举行，来自世界近二十个国家和地区的3000多名太极拳爱好者进行学习交流活动。

7月，第一届亚洲青少年武术锦标赛在越南河内举行，来自13个国家和地区的100多名青少年武术运动员参加。

11月，第六届世界武术锦标赛在亚美尼亚首都埃里温举行共决出了41个项目的名次，中国队共获得12枚金牌，第六次列金牌榜第一。

二〇〇二年

7月，首届世界杯武术散打锦标赛在上海举行。

8月，中、日、韩三国武术协会在北京天坛公园和奥体中心举行"2002中日韩太极拳交流大会"。参加此次大会的中方人员有2000余人，日方人员有587人，韩方人员有79人，总共约3000人。

二〇〇三年

10月，第二届亚洲青少年武术锦标赛在北京举行，来自18个国家的201名运动员参加了比赛。最终，中国队获得15枚金牌，在奖牌榜上列首位。

11月，第七届世界武术锦标赛在中国澳门举行，女子散打首次列为比赛项目。

二〇〇四年

10 月，首届世界传统武术节在河南省郑州市举行，来自 62 个国家和地区的 160 多个武术团体有 2000 多名选手同台竞技。

11 月，第二届世界杯武术散打比赛在广州举行，来自 23 个国家和地区的 66 名运动员分别参加男子 48 公斤级到 90 公斤级以上共 11 个，女子散手比赛首次列入比赛项目。

二〇〇五年

9 月，第五届全国武术之乡比赛，在河南省登封市举行。

12 月，第八届世界武术锦标赛在越南首都河内举行，来自世界 61 个国家和地区的千余名运动员参加此次盛会。赛事共设套路男女 22 个项目和散打男女 18 个级别的比赛。

10 月，中华人民共和国第十届运动会武术比赛分别在江苏省南京市和连云港市举行。

二〇〇六年

8 月，首届世界青少年武术锦标赛在马来西亚首都吉隆坡举行，共有 40 个国家和地区的 354 名男女选手参加。

9 月，第三届世界杯武术散打比赛在西安举行，来自 24 个国家和地区的 260 余人参赛，参赛运动员均是武术世界锦标赛散打项目各级别的前三名。

12 月，第十五届亚运会在多哈举行，中国武术代表团共夺得 9 块金牌。

二〇〇七年

6 月，首届全国农民武术比赛在甘肃省天水市举行，来自全国 60 多支代表队的千多名武术运动员参加了比赛和交流。

11 月，第九届世界武术锦标赛在中国北京举行，来自 89 个国家和地区的近 1500 名运动员、教练员和工作人员参加。

二〇〇八年

3 月，"大比武 2008—中国武术散打功夫王争霸赛"开赛。这一系列赛事由武术管理中心主办，黑龙江电视台承办，黑龙江省体育竞赛管理中心和哈尔滨少林武校协办，竞合国际营销机构推广的跨年度顶级赛事。比赛设 70 公斤级、80 公斤级、90 公斤级和 90 公斤以上级 4 个级别，分为选秀赛、擂主赛、功夫王争霸赛三个阶段。

5 月，"第七届亚洲武术锦标赛"在澳门举行，本届亚锦赛设 22 个项目的套路和 12 个级别的散打，22 个国家和地区的 230 多名运动员参赛。中国散打队一举囊括了 12 个项目的金牌。

6 月，"全国武术套路锦标赛（男子赛区）"在广西区体育馆举行，比赛吸引了全国 40 多个代表队前来角逐。

8 月，"北京 2008 武术比赛"在北京奥林匹克体育中心体育馆举行。比赛设套路 10 枚金牌、散手 5 枚金牌。来自世界五大洲 43 个国家和地区的 128 名男女运动员参加比赛。

10 月，2008 年全国男子武术散打冠军赛在乌鲁木齐市红山体育馆拉开帷幕。来自全国各省市区 53 支代表队的 500 多名运动员在 7 天的时间内进行了 11 个级别的角逐。

12 月，日第二届世界青少年武术锦标赛在印尼巴厘岛举行，来自 45 个国家和地区的 400 多名青少年武术选手参加了本届世青赛，中国、日本和印尼名列奖牌榜前三位。

二〇〇九年

4 月，2009 全国武术散打青年锦标赛开赛，本次全国武术散打青年锦标赛是全国青年武术散打的最高级别盛会。

二〇一〇年

11 月，2010 年亚洲运动会武术比赛在南沙体育馆举行，比赛分为套路和散手两个项目的比赛，共产生 15 枚金牌。中国武术代表队以 9 枚金牌的总成绩名列第一。

二〇一一年

6 月，"全国传统武术比赛暨全国农民武术比赛"在陕西举行。来自全国共计 261 支代表队，3364 名运动员将分别参加两大比赛。

10 月，第 11 届世界武术锦标赛，在土耳其首都安卡拉的安卡拉市体育馆举行，共有来自 83 个国家和地区约 700 名运动员参加。中国武术代表队以 19 枚金牌的总成绩名列第一。

二〇一二年

6月，"全国传统武术比赛暨全国农民武术比赛"在徐州举行。来自全国23个省、直辖市的170支代表队、1300多名运动员参加。

9月，"厦门国际武术大赛"在厦门举行。大赛设武术套路比赛及跆拳道比赛两大类。有8个国家及地区的2000余人参加比赛。